涇野子内篇

〔明〕吕柟 著

〔明〕萬曆十五年刊

江蘇大學出版社
JIANGSU UNIVERSITY PRESS
鎮江

圖書在版編目（CIP）數據

涇野子内篇 / （明）吕柟著．— 影印本．— 鎮江：
江蘇大學出版社，2018.5
ISBN 978-7-5684-0826-4

Ⅰ．①涇… Ⅱ．①吕… Ⅲ．①關學－中國－明代－文
集 Ⅳ．①B248.99-53

中國版本圖書館 CIP 數據核字（2018）第 092120 號

涇野子内篇

著　　者／［明］吕　柟
責任編輯／吴小娟　權　研
出版發行／江蘇大學出版社
地　　址／江蘇省鎮江市夢溪園巷 30 號（郵編：212003）
電　　話／0511-84446464（傳真）
網　　址／http://press.ujs.edu.cn
印　　刷／北京虎彩文化傳播有限公司
開　　本／850mm×1168mm　1/16
總 印 張／32.75
總 字 數／115 千字
版　　次／2018 年 5 月第 1 版　2018 年 5 月第 1 次印刷
書　　號／ISBN 978-7-5684-0826-4
定　　價／900.00 元

如有印裝質量問題請與本社營銷部聯繫（電話：0511-84440882）

出版説明

人是一種會思想的動物，無論是爲了適應環境，克服生存的困難，抑或爲了生活得更有意義，思想皆不可或缺。在一般的中文習慣中，思想的涵義比『哲學』更寬泛，這種語用習慣的差异，也影響到學者對學術視野的選擇。一般而論，思想史的範圍也較哲學史爲廣闊，雖然很少得到清晰地界定，但它不失爲一種有效的學術視野。

在近代中國學術史上，思想史研究的興起與哲學史大約同時。一九〇二年三月，梁任公在其創辦的《新民叢報》上連續發表了《論中國學術思想變遷之大勢》系列論文，這可能是最早由國人撰著發表的思想史論文。而第一本由國人撰寫的中国古代哲學通史，則爲一九一六年謝無量的《中國哲學史》。這兩本早期著述無論是學者的闡述，還是其實際的操作，在思想史與哲學史之間都不易劃出清晰有其學術史的意義，但其中對學科的性質與研究方法等多無明確的説明。事實上，的界限，直到當代也仍然如此。抛開細節不論，就語用習慣及有關實踐而言，思想史表徵一種對歷史文化廣闊而深入的關照，其研究方法，關注的問題，都較哲學史爲多元，史料基礎也不可同日而語。尤其是在郭沫若、侯外廬等人建立起來的研究傳統中，思想史有明确的社會史取向，或因其與傳統的文史之學有親和性，以至在今天，這種思路仍然很有生命力。

文獻發掘向來是思想史研究的基本環節。爲了促進有關研究，我們選輯多種文本編爲『中國古代思想史珍本文獻叢刊』。全編選目包括經典文本，如儒、道二家的經解，重要思想家作品的早期刻本，和某些并不廣泛受到關注的作家文集的舊刻本。本編中也選録了數種反映古代民俗信仰的文獻，如《關聖帝君聖跡圖志》等。這些文本在傳統的學術視野中，多以爲不登大雅之堂，在今日視之，或者正因其反映了古代社會一般的信仰氛圍，而有重要的文本價值。此外，本編也著意收録了數種通常被視爲藝術史史料的文本，如《寶綸堂集》、《徐文長文集》等，我們認爲對思想史關注而言，範圍與深度同樣重要。

選輯本編，也有文獻學上的意圖。中國古代有悠久的文獻學傳統，大量古籍文本的傳刻與整理造就了古代中國輝煌的古籍文化。本編收録的這些刻本不僅是古代學術發生、衍變的物質證據，也是古代古籍文化的重要部分。本編所收録的全部作品皆爲彩版影印，最大限度地保存了文獻的細節。其中有部分殘卷，視具體情況，或者補配，或者一仍其舊。本編的選目受制於編者的認識與底本資源，或者有不妥、不備之處，希望讀者不吝指正。

目録（二十巻）

題涇野先生語録

後學麻城耿定向撰

明興弘正間鉅儒輩出其與論闗議無論漢唐即宋理學稱盛亦遠軼矣顧論篤易與躬行難得論世者恒嗟嘆焉乃若清脩厲節抗志守道皭然無可疵纇者關中則有涇野先生云孔子曰君子恥其言而過其行即先生生平操履証

茲緒論猶可謂行過其言者耶余往聞
諸學士長老述先生操行甚悉不具論
論其大者嘉靖中夏貴溪怙寵負材傲
倪一世顧獨欽心先生嘗贈先生詩云
天下有道惟涇野其尊信也如此而貴
溪故與霍文敏交惡文敏之為南京宗
伯也時先生為貳文敏時時噂詬貴溪
先生秉間諷曰大臣諱當和衷過覷之

可也背噂非體文敏誤疑先生為夏黨
衛之已先生以滿考來闕下謁貴溪時
貴溪柄國矣得先生甚歡亟欲援先生
助已而數短文敏於先生至謂不可一
日近先生毅然曰霍君性雖少偏故天
下才也公茲為國歛才即當推轂霍君
柰何以寸朽棄連抱耶貴溪則以先生
褱附文敏而異已竟數歲不遷先生乃

致政歸嗟夫郎先生之遇二公若此可謂直且諒矣不阿勢不畱怨不隱賢惟古休休大臣如此哉孟子曰誦其詩讀其書不知其人可乎是以論其世也余讀先生語録既卒業乃揭其行大都如此俾世君子考鏡焉

隆慶四年冬十二月吉日

涇野子內篇序

門人進賢章詔著

夫君子之立言以明道也然必以立德爲本而言斯可傳也詔嘗慨夫世之立論者亦多矣適衒德之不立而徒爲新奇高遠之談則言雖工弗傳也雖傳弗遠尚安望其道之明哉蓋自濂洛關閩之後堯舜精一執中之傳湮孔顏曾孟之道不講于天下久矣吾師涇野先生振起關中方其盛年已大魁天下列職翰林納誨

經筵中間多見忤于時是故先後立

朝不逾五稔而家食者數年與群弟子講學于雲槐精舍

於東林書屋樂其教者有紀錄焉嘉靖初以言官薦召用又以言謫判解州聞解梁書院之教及與王端溪公往復問答而門人丘東魯王光祖董皆有錄焉戊子春起仕南曹至今尚寶四方學者多從之講道于柳灣于鷲峯東所詔不敏幸分半席於門下爰與新安胡友大器金壇王友標洎諸同門者數百人日聞至教親炙既久各紀錄之日積月累不啻數十萬言一皆道德之精微身心之至要為學之大方經世之大務與夫天地鬼神之奥古今人物之辯巨細精粗之畢舉聖賢王道之具昭程子曰談經論道則有之鮮有及治體者如有用我正心以正身正身以正

朝廷之數言者非先生之謂乎況所言論皆因一時門人士友之問即隨以答初豈有意於文惟至理中涵出言爲訓多攄前賢所未發於學者深有力疑者開之使釋蔽者通之使明難者處之以易過不及者引抑之於中曲成而不遺中正而不艱廣大而有論易曰修辭立其誠所以居業也先生之言一以至誠爲本以躬行爲急以憂世爲心鑿鑿乎皆身有之非徒言者故善觀先生者不于其言而于其德也此之謂合一之道也諸録既備諸生及門雖甚久鮮得全見今年秋詔偕大參諸友叩請數四廼得徧觀而莊誦之竊仰嘆曰聖賢道統之傳盡在是矣間嘗與經

友默張友重光王友文纘陳友昌積董友鼓子恭友校閱大器諸友欲謀刻之以公于天下後世而先生之志則甚不欲傳也然先生之心每惓惓然欲天下之人同歸于善道斯懟也世有至寶豈能終韞而不為傳世之器哉則不惟是五經四書洎諸子史皆有以闡明之精義奧旨有釋是皆足傳於世不在語錄也若夫先生之道德文章完名茂實則固天下人能知之天下士大夫公論在汚不至阿其所好也

嘉靖十一年歲次壬辰十二月吉日書于蕪湖舟中

序二

門人泰和陳昌積着

昌積讀夫子語錄至拳拳誠居敬之訓曰嗚呼是可以觀躬行矣夫立教者未始不先其亹亹者也然行貴而言華厥亦本末之理孔子上聖猶惕其行之不逮也乃曰文吾猶人而躬行未有得斯固未易一二與淺學論也鄉魯尚矣宋興二程絕學濂溪志士比介惟尹將楊劉稍能以躬行繕釋其師以故曠然發矇所謂甚偉其他諸人實有張弛覺有早暮不免求扶于言論於是有所謂答問者矣然他日竟厭之也且曰賢輩在此只學某話說意其殆可

知也子年十七八既夢見明道東來升階質疑大悅殊若此所居知彼而獲夢見何也蓋志至夢赴自然之應君子曰孔子夢周公則聖人存誠處信以傳信又何惑焉今天下談子之學或云躬行不貳甚似明道或云擇地蹈之志在茲生頃自積事于於鶩峯也則見其被服歡飲談默咨止與衆酬物細忽漱窈感競競所以為學而日焜燿宠茂也可不謂內明外莊鞠躬君子哉至擾門入則各因其質所近才力所盈縮而裁成焉非不數傳鄉其人也日益續來學也晚意念悼忽嘗從章亶之侍子予因問仁體兩人對各盡之常子久乃言曰亶之質甚篤實但過之言行弟謙雅

質稍領悵大鶩露故吾正好不遑恤其他宣之仁體也聰
明濬知守之以愚陳生之仁體也盍各省諸兩人如教而
徙踐焉則頗令彼此之身咸免不祥且損內疚矣昌積憲
乃然而况賢者躬行大較此又彰彰着明也於是更從諸
同志備錄凡門人所問子答及六經括釋并口授門人指
要萃爲帙欲一究諸根本惡覩世俗闇於大較猥持揚浮
長短之說覦勝自遂哉後有同志自省覽焉
嘉靖十二年歲次癸巳仲春望前三日書

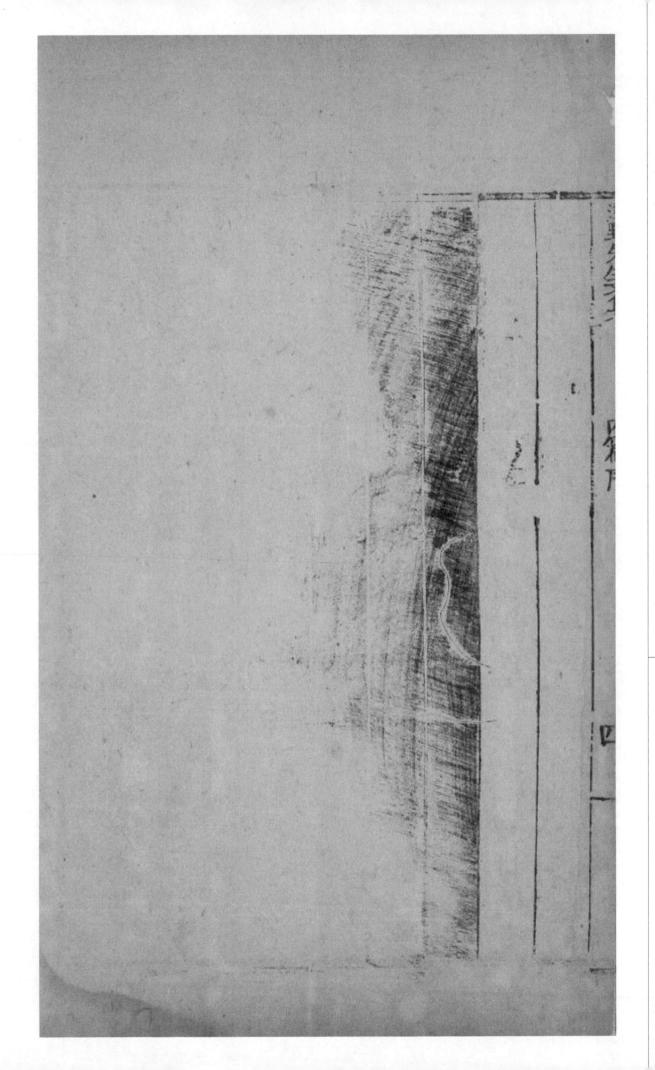

序三

門人歙縣程默著

默氏再寘學溪門於鷲峯東所得諸語錄讀之讀已迺載拜稽首為之說曰是紀也其紀夫子之所言乎夫子之言平正通達會道之精根諸行者也豈特言乎抑紀夫子之行純懿端恪立道之極宣諸言者也豈特行乎夫言行一道也言者心之聲也行者心之為也心者道之蘊也心與道一則言即行行即言可以差殊觀哉是故言行一致則卑邇也而遠寓焉舉卑也而高寓焉不離夫人倫日用之常而天地鬼神之奧盡焉是為言行合一之學是所以為

道也豈是道也孔子嘗教諸門人矣故曰吾無行而不與二三子者是為孔氏之教也而諸門人有若子貢者且曰夫子之文章可得而聞也夫子之言性與天道不可得而聞也又曰夫子不言則小子何述焉豈是峻精粗離言行而二之者也夫文章之顯設其非性命之微乎力行之敦篤其非言教之精乎一貫之喻孔子所以成賜也故又曰天何言哉四時行焉百物生焉天何言哉夫天則不言而信道之出也默而成之人所以進於道蓋將擬天也為學而至孔氏則一天矣又何待於擬哉賜也能求言於行求性命而於文章則亦其庶幾乎是錄也其孔氏之傳乎其夫子傳

孔氏以教人乎若曰待以語言求甚亦賜氏之得聞文章

乎今之學多事言而遺行事虛而遺實病更甚於賜也紀

錄者其亦有憂世之心乎是又為序

嘉泰癸亥春三月望日[illegible]序

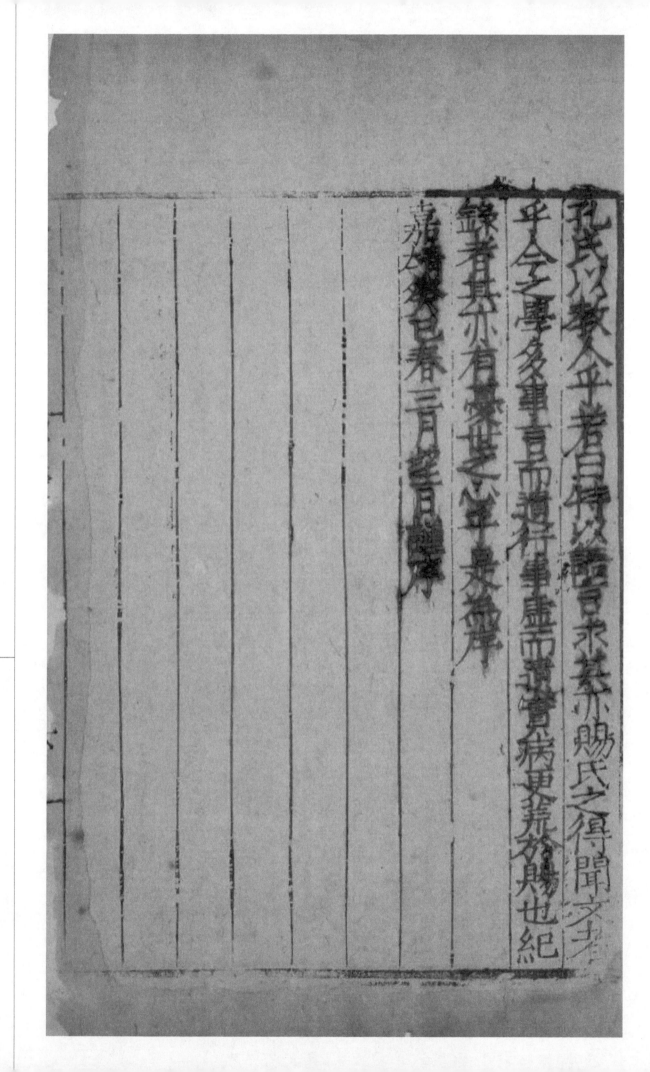

涇野子內篇門人録

薦介 清夫白水舉　李繼祖 濟寧貢　周官 子賢高陵生　權世用 仲行高陵貢

張詩 子言大與隱士　原勲 次放蒲城生　陳詔 汝言應州生　張霄 伯霄高陵貢

楊本源 叔用膚施鄉　吉士 廷鶴高陵訓導　孫繼芳 世其華容副使　張伊 師尹渭南生

楊杲 西沃生　楊九功 惟叙高陵生　劉爵 仲德渭南貢　王印 邢臺生

任琓 季聰陝州訓導　姜濤 渭南生　呂顒 幼通寧州府尹　薛祖學 孝夫渭南員外

高璽 國信高陵生　高士華 子實高陵訓導　陳謩 舜謨高陵生　韓同 仲野渭南訓導

崔官 仲學高陵知縣　常鸞 仲禽宜君生　墨達 時顯高陵訓導　李洙 師魯高陵生

王光祖 克孝解州監　乘曾 孟學解州郎中　王材 子難新城祭酒　耿重光 國華解州貢

乘郊 孟都解州生　張泰 汝安夏縣生　王晏 仲慈臨晉生　王夔 朝邑生

李愈惟中平定州知府　魏廷萱子宜許州副使　胡大器孺道休寧經歷　陶欽夔克諧彭澤參政

江校成夫休寧舉人　詹敬吉甫休寧舉人　陳昱子明泰和舉人　葉良翰監

汪威伯重休寧生　黃惟用体行南城監　胡有愷貞甫山陽知府　謝道汝中祁門生

唐音希古武進舉人　薛應旂仲常武進副使　陳世贍思慎清江監　裘汝中南昌監

石希孟世贍華亭生　張英怡後友華亭貢　許象先汝賢歙縣生　何克明緝之進賢舉人

戴光晦之當塗生　黃沐仲德江都生　葛澗子東江都舉人　胡賦全卿休寧隱士

葉逢陽子大松溪郎中　曹廷欽孟忠休寧生　方應亮子宿歙縣生　劉欽順体乾石首進士

王朝伯啓三原舉人　鄭若曾伯魯崑山監　何城牧防江都知府　樊鵬少南信陽郎中

謝良祐　程爵君錫休寧監　呂潛特耀長州舉人　林顗秀卿閩縣舉人

林春子仁泰州郎中　何祉德徵進賢知府　林賢基學莆田隱士　戴熬時代鄞縣進士

陳昌積子發文子泰和舉　程默惟時歙縣知州　倪緝惟熙閩縣郎中　吳佑明相選賢舉人
李伯會宗本進賢舉人　易泉伯源衡陽解元　鄒廷選際虞清江舉人　田大本子中竟陵舉人
王標貞立金壇舉人　周璞懷玉福寧舉人　蕭文明時化新淦舉人　仇欄時開上黨隱士
朱來年仲開儀真知縣　吳光祖元德武昌舉人　柳本泰用亨廣德知縣　何廷仁性之雩都知州
汪三山季瞻麻城舉人　鄧諳子華新城知州　劉邦儒幼醇武陵舉人　王貴道充清江舉人
金瀚受夫應天舉人　黃容德洪郎縣監生　李樂和仲處溪進士　何堅叔節江都生
康恕求仁泰和舉人　范來宇伯寧桂陽舉人　聶靳士哲金溪舉人　陳德文子器泰和郎中
胡炳粟多文孚孺中休寧舉　杓旦啓東潛江舉人　劉鳶孟翁南漳舉人　謝顧伯已又惟祁門訓導
謝應熊夢卿祁門生　游震得汝潛婺源進士　江東暉賓之婺源舉人　鍾陽啓寅天長舉人
褚宗祿貴卿江都舉人　杜欽德子敬清江舉人　張重光醇夫南鄭舉人　張全德卿婺源舉人

◎

朱子慱名[illegible]亭舉人　宋元慱名海應天舉人　謝應鴻漸御邦門生　朱德仁貴鄉西監生

葉春芳應元上元舉人　歐陽乾元曰大泰和員外　戚楷範御儀真生　艾希淳治伯米脂都御史

趙桐州生　宿　胡儒丘生　太　洪希曾丘生　太　王京得師中年生

冉崇禮繼周中年御史　戴浩宗孟州生　孫漸禹卿鄭州生　王舉才難之解州舉人

輦鎰邦重解州舉人　盧政以德解州生　寇陽体乾榆次布政　張忠州生　吉

王舉善揚之解州生　焦　知縣　薛思忠良佐臨晉生　汪洲一中歙縣生

胡嵘汝登歙山縣生　劉椿仁夫歙縣生　楊應詔邦彥建安舉人　鄧士元廷選道州舉人

許椿壽卿歙縣生　王子實秀卿餘姚生　徐紳思行建德都御史　王廷祀敘孝江都舉人

張寅汝同郎陽貢　陳紹儒公聘南海侍郎　梁宇汝六南海監　胡德化宣之歙縣儒生

汪遠惟明績溪監　葉泓定甫歙縣儒士　王言以忠祁門生　陳文禄汝學[illegible]

黄金 汝器餘姚貢
李應亶 惟德歙縣監
徐宗魯 惟東建德生
閻傳 師說江都舉人

高相 仕佐江都舉人
趙軼 蘭溪貢
張鶴 九皋沁州監生
徐延德 用修鳳陽定國公

錢嘉猷 貴州貢
劉東會 隣水貢
陶梓 季良絳州兩淮運副
来端本 則中蕭山監生

来端言 默中蕭山監生
盧堯文 惟質東陽監生
衛良相 希周絳州貢
戴冠 章甫休寧監

楊景新 石州貢
何繼蘭
李元 山陽舉人
侯天叙 介休監生

石民賢
孫應乾 會昌侯
張憻 陽信舉人
王永壽 平原監生

賈廷傑 元氏監生
王鶴齡 霍山監
王莘
顏煥 春暉宜春監生

畢用修 汝勤鳳翔舉人
宋璫 克之德潼知州
文桂 仲芳彝林舉人
李遂 邦良豐城知府

鄢茂卿 惟德豐城侍郎
仕佐 良輔稷山員外
蕭轍 季修吉水知縣
劉方興 東望吉水舉人

史起蟄 德化江都進士
葛清 應天舉人
張綖 世文高郵通判
江一桂 伯馨歙縣主事

彭　喬用遷廬陵舉人　傅應詔起岩南鄭副使　王　輿良齊涇陽舉人　趙　緄子南壽張副使
陳須樂啓鄒蒲田舉人　王獻藎德忠歙縣生　馮　恩子仁華亭御史　張　彬仲文儀真監生
張　札子簡武昌舉人　鄧　掄子才資縣舉人　閻調元　郭　岱叔東潛江知州

右先君内篇門人問答姓名昀歸田二十一載始能理之若不登録恐歲久弗能徵之矣况遊先君之門或學而後舉或舉而後仕或居館院臺省或居部署藩臬以至通顯謹令姪全機書之其不知者缺焉以便覽者察之可見道義之交孚人心之相感有如是夫時

萬曆十五年孟春致仕知府次男呂昀頓首謹識

涇野子内篇卷之一

門人解梁王光祖編

門人白水薦介録

雲槐精舍語第一 正德年中語

介問觀書。先生曰：其上以我觀書，其次以書觀我，其次以書觀書。何謂也？曰：其上行有餘力而學文，可以作聖；其次體聖人之言，可以作賢；其次恣記誦之博，無身心之實，誤天下蒼生者，皆以書觀書者也。

濟寧李繼祖學于雲槐精舍，問士焉。先生曰：士有五貴。天地之氣生物則均也，獨厚于士，是故不爲草木鳥獸爲人一貴一不爲夷狄人爲中國人二貴一不爲中國人之女爲中國人之男三貴一不爲中國男之農工商賈而爲士四貴夫爲士則上可以爲堯舜周孔下可以爲顏曾思孟五貴繼祖曰自今敢不自貴以即鳥獸乎

周生問治亂之故先生曰中人而與君子爲友則爲君子中人而與小人爲友則爲小人世多中人不擇友故治日少亂日多

先生曰唐詩惟張九齡元結可觀也杜子美雖有憂國愛民之意乃溺于辭而不反

先生常喜讀王虎谷題楊震四知詩云若教暮夜無金饋

方信先生待物誠以爲得務本之意
何子仲默曰今之談道者猶作文之無益也先生曰言於
是行於是者有矣不言於是行于是者未之有也且舍是
而不言忘言則不能亂言則不敢
用問鬼神先生曰三代下知鬼神而敬事之者其邵堯夫
乎故其言曰思慮未起鬼神莫知不由乎我更由乎誰於
戲此君子之所以愼其獨也
詩問嵇康阮籍先生曰其庶乎節矣君子不如是之廢也
忍親棄禮以避禍知義命者不爲也故文中子曰道不足
而器有餘

勳問邵堯夫先生曰隱而不僻樂而不流其學聖人而未
大者乎前定之數何其不憚煩也
先生謂明九川子曰吾於漢文得四罪焉前有張禹楊雄後
有馬融胡廣吾於唐詩得四賢焉前有韓休張九齡後有
張巡元結九川子曰漢文之罪者無杜欽谷永唐詩之賢
者無杜甫韓愈邪曰欽永雖可罪其文淺故其責小甫愈
雖可賢其詩溺故其道微
陳詔問自漢以來詩亡何謂也先生曰觀風之官不設而
風亡王道廢而雅亡諂道興而頌亡李白杜甫何如曰二
子應博學宏辭科則可矣於詩則未也然而君子猶有取

焉者辭有近乎史者也潘岳劉琨江淹鮑照二陸三謝沈
宋如之何曰亂世之作也宜勿有于世矣問曹植王粲劉
楨阮籍曰其漢之衰乎然而塗斯人之耳目者則自是耳
問韋孟蘇武陶潛曰賴有此歟其鶴鳴蓼莪考槃之亞乎
故君子不知風不足以成俗不知雅不足以立政不知頌
不足以敦化

劉子靜齋問爲治先生曰社學習琢句而廢灑掃禮樂之
節大學習程文而廢正心修身之道欲天下之治未見其
有日也

夏子于中言歲貢士當官不及例貢士也例貢士壯授之

以政則多與歲貢士老授之以政則多廢也曰異哉子奚不即選商賈舉且今之所謂興政者多取于逢迎今之所謂廢政者多病于簿書如此如是而後政也使歲貢士不塞之以例貢士則其仕者年壯而志強而又濟之以詩書顧不美哉如歲貢士為學官者簡其賢者能者廉者勤者以參有司而用之彼有不思敏于教而良于政者非人也

路子若其子之讀書也約熟一書與一衣焉先生曰此利之也夫教之以義而以利誘之其不汩于利者幾希如其子能百卷也又將何以與之乎其不信莫大焉不信以利非所以誨其子也路子悔而改之

子言問爲國之患先生曰莫大乎四逆何也曰退賢進不肖則逆罰功賞倖則逆棄介尚和則逆賤義貴利則逆國有一逆則弱有二逆則昧有三逆則亂有四逆則亡

有仕于京者繼母且死乃謀奔喪而祭先繼母乎先先母乎先生曰喪不葬不祭父何先後之問耶且子父存乎曰父存曰父存雖喪亦主之矣而况于祭耶子有哭號而已不得而餘謀也

霄問管晏孰優先生曰平仲之功不及夷吾夷吾之德不及平仲平仲而遇桓公某知其優于夷吾也

臥碑有里選之實監規有賢良方正之意提學考文而正不

問臥碑司成撥歷而不問監規欲得眞材以成治不亦難乎

叔用問尹和靖記程正叔語曰凡學者學處患難貧賤也若富貴榮達即不須學如何先生曰此或其偏辭也夫富貴榮達而不學鮮不斯濫矣

先生謂崔叟曰天下有道諸司崇禮天下無道諸司崇法天地和伏生之輩壽天地不和顏子之輩夭

士問孟子哀曠安宅舍正路者何先生曰仲尼以夕死爲可子輿以偷生爲哀死也猶弗死也生也猶弗生也

介爲王者仁心自然論來獻焉先生曰此宋太祖之假仁

史氏之諛言也介惡得又從而申之乎介曰何曰宋祖之
封韓通豈其宣仁乎
孫世其問申鑒先生曰荀仲豫其董子之儔乎其文質直
而直切
張伊問謚法先生曰後世可謂大易矣其胡能沮勸邪故
凡爲翰林者累官至師保皆謚文他官雖或經天緯地弗
論焉凡爲將領者累官至侯伯皆謚武他官雖或運籌決
策不論焉不有後日之公論則王安石朱元晦之皆文公
也誰其辨之哉
曲沃楊泉白友有娶妻于他縣者友在途迺而友之母死如

之何先生曰女許嫁而不返夫則居處終喪而婚禮也今子之友吳為也曰如居喪于室夫居廬于墓曰善哉可與幾禮矣

子謂九功曰耕田不深無高稼治學不深無端行

先生謂叔鉞曰見善而不惡則或有為之之時矣見善而惡則無為之之時矣見惡而不好則或有去之之時矣見惡而好則無去之之時矣故君子以取初心焉

王子曰凡山之下皆水道也故山之土石層疊洪水過而累之耳先生曰王子求形不求意矣夫立地之道曰柔與剛故西北之山入地不窮其底東南之水接天不見其際

抑如王子之言也，天之星辰日月，豈天河過而累之乎。

學者有畏嫉于俗而欲爲内方外圓之行者，以問先生。曰：「夫内方外圓者，大賢以上事也。初學而然，爲人喪已甚矣。夫内方外圓者，乃德盛後見之，亦非聖人有意于内之方、外之圓也。學者改之。」

先生謂子言曰：「漢匡衡治詩，足以説王化矣，而其身不免于贓敗。聖學之廢，豈獨今日哉。故君子貴行不貴言。」

爵問：「今之使四方不辱君命者？」先生曰：「其惟貴忠宣公乎。交趾百餘年而不叛，皆忠宣公之政也。使于北虜有楊善，惜乎福也未死建文之難耳。」

權用問閭閻之若風俗之害先生曰里老之不選德小學
之不選師鄉飲之不選賢欲以安民而善俗吾未見其有
日也何其已細乎曰平天下亦猶是也
西安之地秋稅畝一斗夏稅五升及其久也秋地沽而不
售皆歸貧人夏地皆歸富人有司以布折稅者夏匹布石
有二斗秋止折半於是貧富滋相懸先生遇三司輒言之
門人曰夫子不屬事此言何也曰苟得貧富均又何屬事
之爲辭且昔者王端毅公在南直隸也調停官糧民糧之
偏令官糧抵斗實收而民糧加耗以補之南人至于今頌
之又安知三司者無王公之徒耶大抵買田夏秋稅均適

割可也

正德七八年間

皇儲未立盜起而群臣屢言官屢請弗建也先生曰是執政者之過耳霄曰何謂也曰

祖宗法親王居十王府邸俟

儲立而後行

霄問何子仲默先生曰其詩有漢魏之風是可取也其文襲六朝之體不可取也然而其人則美矣問李獻吉曰爲曹劉鮑謝之業而欲爲程張之學可謂係小子失丈夫矣問康德涵曰漢馬遷之材也其學之博猶未逮耳問馬伯

循曰見善而能聚見惡而能勸其志遠哉問張仲脩曰直
而敏足以同政矣
先生曰利刃雖割易缺利口雖辯易沮君子養德以爲貴
詩問周禮先生曰即孔子之答諸弟子耳何謂也曰天以
一氣化生萬物聖人以一貫曲成群賢王者以一理分統
衆職其義一也夫周禮行天下無窮民
先生謂詩曰漢光武至富貴也嚴子陵至貧賤也後世論
光武猶有異之論嚴子陵無不稱賢君子貴立志
詩問逍遥遊不亦樂乎先生曰不然周惡夫堯德之大也
托爲藐姑射之四子以小之耳故曰學鳩斥鷃笑大鯤鵬朝

菌蟪蛄笑靈椿其忿嫉孰甚焉不然彼宜甘心洴澼絖矣奚羨夫鬻不龜手之方以獲裂地之封哉大言不能盡其情其是之謂歟若夫跳水則樂在其中簞瓢則不改其樂斯孔顏之逍遥遊也

夏子曰今之不知時務而好談經者皆腐儒也先生曰六經盡時務也第讀經者弗知耳如其知經也必不敢背經矣

雲槐精舍語第二（正德年中語）

門人渭南張伊録

君子習文不如習行習行不如習心習心以忠信而文行在其中矣

李子論樂。先生曰：「書不云乎？『德惟善政，政在養民。』九韶之舞，九德之歌，皆以此耳，故鳳凰儀，鳥獸舞，後于時雍風動也。」曰：「杜夔、周朴、祖孝孫如何？」曰：「末之哉！昔者予之幼穉也，偕群兒吹葱葉，擊甕礫，以嬉戲，今憶其樂，雖虞廷鳴球柷敔，莫過焉。夫民方諠怨，而三子拳拳于金石累黍之講，若由君子觀之，皆欺君耳。」曰：「賈誼請興禮樂，文帝未遑，史氏譏之，何也？」曰：「此史氏之不學也。夫文帝未遑，卒成富庶之政；武帝用李延年、司馬相如，雖赤鴈、天馬、芝房亦造樂歌，海內益耗，可鑒已。」

吳季札、曹子臧、魯叔肸，周之伯夷、叔齊也。夏侯令女之材

爲近之

先王制服止于五者義也先王制刑止于五者仁也不義則情不能行不仁則性不能盡仁義者先王處死生之道也

詩問史約之作何謂也先生曰尚書春秋上世之經也志詳而事略不兼其傳大賢不能達其故秦紀漢書以下後世之史也事詳而志略不裁其蕪白首不能舉其悉

印問止盜曰建官惟賢問禦夷曰滋事惟能何謂也曰官賢則民安而盜寢事能則政舉而遠人格

孫世其問一貫何似先生曰讀易爻春秋可見矣然則忠

◎

恕之說非歟曰易與春秋言忠恕何也曰天地變化草木蕃卦文變化仁義行褒貶變化綱紀立

叔用問政先生曰養民以限田擧民以四科簡民以府兵教民以六行君用程顥臣輔漢文可以行政矣程顥漢文皆亡矣奈之何曰主上之資類堯舜豈惟漢文乎臣下之賢有顏孟豈惟程顥乎故有不妨賢之執政則程顥至有不逢惡之執政則漢文興

季聰問巷伯刺幽王寺人傷于讒而作者何先生曰讒至是則無人之可容矣故節南山正月十月之交見幽王用

人之失也雨無正小旻見用謀之失也故小宛雖百姓亦
懼其禍矣是皆本于讒也故小弁讒及妻子也巧言讒及
大夫也何人斯讒及公卿也巷伯讒及寺人也故谷風以
下言其亂
伊問昔者堯請致天下于許由有諸先生曰此莊周自大
之言也堯之仁知如此其神天也舜之孝弟如彼其聖賢
也堯猶家試之以九男二女國試之以五典百揆積二十
八載而後禪聖人之傳天下若是重也許由而讓天下可
謂棄碩果于鷦鷯投玉食于偃鼠則亦不仁且知矣
濤問仲尼不毀譽者何先生曰昔者夫子嘗曰傳兩喜兩

怒之言天下之難者也夫兩喜必多溢美之言兩怒必多
溢惡之言故法言曰傳其情無傳其溢言則幾乎全矣子
耳順者也其奚毀譽哉
顓問孟子屢期齊梁之君勸之王則司馬氏疑孟李氏常語
鄭氏折衷譏孟子忍心忘周無君臣之義者果然乎哉且
孟子嘗卑管仲晏嬰彼管晏又何嘗廢周也先生曰不然
凡孟子之所謂王主救民而言如其救民也王自歸之三
氏所謂王主篡位而言如其篡位也民亦叛之又安有所
謂王乎且管晏之時楚獨稱王天下猶諸侯也故管晏以
其君伯孟子之時韓趙魏大夫也已爲王况諸侯乎故孟

子以其君王管晏時可尊王而不尊孟子時當與王而不能故孟子卑管晏而稱文王

格天存乎信建功存乎仁使力存乎度敬上存乎忠慈下存乎公

孫憲副用吉嘗謂言官曰諸公未得百寮之實輒因毀譽以劾人何也言官曰若緘默人則以爲曠職耳孫子曰朝廷作養人材至二司亦難矣未實而逐之去以爲盡職也去者不亦寃乎以告先生曰盡語之曰所言之是非大小關在己之得失高下彼將知懼而不肯計恩讐矣

先生謂介曰非盡性不足以事親盡性所以至命也非執

禮不足以事君孰禮所以從義也又曰何曰昔者仲尼謂葉公子高曰天下有大戒二命也義也子之事父命也不可解于心臣之事君義也無適而非君也無所逃于天地之間故事親者不擇地而安之孝之至也事君者不擇事而安之忠之盛也

先生謂韓退之有美才焉惜乎未見大道故其文爾雜也

薛生曰王仲淹何如曰其在韓子之上乎文何比擬之多邪若曰所居而變所言而通其董仲舒諸葛孔明程伯淳乎三子者求予之所不逮也

雷問明先生同窮理而已矣問公曰循理而已矣故由理

則爲君子不由理則爲小人何謂也曰形也者氣也氣也
者理也不能干理即不能干氣
求安莫如治病求善莫如治過病去則體安過去則行善
今之中庸之論皆鄉愿之徒之爲也是以君子深嫉焉爲
其假聖言以妨賢而病國也
璽問君子之所樂如何先生曰君子有五樂皆三樂之緒
也一曰方正自遂爲國作紀二曰履經奉典爲國作士三
曰廉淑烈憲爲國作官四曰教行政安爲國作民五曰善
勳昭親爲國作風
文王之後視民如傷者其惟戊

太祖乎進善如不及懲惡如去毒

詩問詩先生曰詩之亡久矣三代之詩或感於物或緣乎政或有懷而興其辭典而可教也其情邇而可詠也後漢以來設題目苦思慮盡其所短修其所長悅人耳目迷人心志詩終不可以詠不可以教詩之亡久矣必不得已其民間之歌謠乎猶有風乎爾

先生謂霄曰吾未見甘貧者也居翰林而覓何子粹去焉一布袍六七年

霄問周茂叔先生曰有德人也方黃叔度則文有言矣問程伯淳曰如其師問正叔曰伯淳之弟也問朱元晦曰博

學篤志切問近思而已矣問張子厚曰方伯淳則不足方元晦則有餘伯淳已近乎化元晦亦幾于大張子之化十三其大半十九問陸子靜曰斯其人聰明遠見者浮于元晦但其力行實未至耳

先生曰罪莫大於妨賢惡莫極於非聖陳詔曰不有不忠之罪大乎不有不孝之惡極乎曰惟其妨賢而后天下之爲不忠者衆惟其非聖而后天下之爲不孝者廣故罪惡止于身者小及于天下者大

蜀人朱季連言搗賊猖獗四年矣不如立其酋長令自撫之也先生曰果若此後有效者如唐田承嗣宋李繼遷疇

克禦之乎曰既立之後復誅之奚爲不可曰今且不能誅
况於倒太阿而授之柄乎
先生謂泰子曰始廉而終汚者其廉亦謂之汚利也始公
而終私者其公亦謂之私名也始剛而終懦者其剛亦謂
之懦血氣也不爲利驅不爲名動不爲血氣使終始其道
動與天合者君子也
繼祖問宋齊梁陳之不振者何先生曰鮑謝江孔徐庾沈
謝爲之也曰數子詩且文曰茲其所以不振也其志與道
可悲也矣使天下隨風而靡者其誰乎且其反君事讐與
後世馮道等又何足與論詩與文哉

雲槐精舍語第三

先生遊雲槐，謂高子壆曰：學者有三多，有四寡。壆曰：何謂也？曰：寡言則行力，寡動則静深，寡交則業專，寡欲則理明，是謂四寡。多學則德積，多思則幾研，多就吉人則爲之也易，是謂三多。

先生曰：晚唐之文淫于靡，晚宋之文浮于俚，以循聖人之道皆難也。子言曰：初唐初宋之文可以入聖乎？曰：子未習魏徵乎？導君如舜禹。子未習程顥乎？待士如扣鍾。然則程子何以譏魏子之事？不離乎日功過不相掩。

西里子曰子貢貨殖夫子以爲不受命顔子簞瓢夫子賢之師夫子者必資其食以免乎陳子曰豈以子貢旣足而又求富耶先生曰不觀其心耳若子貢貨殖以給父母妻子之養而非猗頓計然之意雖必常神農不禁也若顔子簞瓢少動其心而改其樂雖餓且死孔子弗賢也
劉子論建文永樂之人材而稱解縉楊士奇之爲傑也先生曰夫人材論于太平之時則貴文論于禦侮之際則貴武論于獄訟錢穀則貴廉論于危國世則貴節夫建文永樂之間西安之張紞泰和之周是脩眞寧之景清貴池之許觀其傑乎縉楊其愧諸曰齊泰李迪黃子澄方孝

孺之死甚烈此亦非傑邪曰致建文之亡則可罪死建文之難則可錄

先生曰端居暗室終年而不外想者斯其人可以入市朝

渭川周子問異端先生曰古之異端猶可闢也今之異端不可闢也古之異端猶異類也今之異端則同類也挾術數者世稱才儒閑詩賦者世稱雅儒記雜醜者世稱博儒趨時而競勢者世稱通儒談玄者世稱高儒臨事含糊澀滯者世稱老儒蹈襲性命之言者世稱理儒斯非皆爲孔子之書者乎然誤天下蒼生者皆此異端也老佛其細諸

詩問山巨源進賢不言死而後天子出其奏于朝王仲淹

與其密不與其仁者何先生曰出處君子之大節也巨源祈與嵇康稱魏七賢其志壯矣比晉取魏反面事之位至吏部雖放達者亦喪斯叔夜之絕交也奚其仁

先生曰今之戲諧者皆好名嗜利之徒也何子栢齋曰奚至是乎曰既欲謟乎俗又欲獻其敏獻敏則欲有聞譽俗則思圖位誤天下蒼生者皆此夫也

先生曰君子脩存小人脩亡君子脩壽小人脩夭

介問唐藩將僞漢將如何先生曰此明皇之惑于太眞也故祿山肆行無忌耳詩刺幽王之敗其亂曰豔妻煽方

先生曰陳壽之志范甯之春秋皆忠過乎矣故王仲淹取其志陳詔曰王允張衡之文何如曰不足稱也其志則微矣

庚午之冬戚黨百戶魏榮自京過涇野言東方之盜今大猖獗稱王矣往年各邊如紫荊諸隘聚督于司馬門者數百人君給以殘馬畧示賞罰今當邊安久矣乃用京兵京兵素役于官寺而不知簡是委羊虎口耳豈見其邊憂也先生甚壯之越二年盜賊徧天下始徵邊師而民力殫先生曰嗚呼以大司馬之見不及一士卒宜數年天下之未定也

先生曰孟軻董仲舒之後學者之深者其惟隋王通乎若在孔門當游商之間矣介曰續詩續書人咎其僭經中說人咎其擬論語者何曰詩書不續何以見後世之衰爲衆告邪若中說多發前人之奧其行則孔子之志也其文則薛收姚義之筆也可盡議乎

大仁廢勇大義廢利大禮廢文大智廢謀大信廢盟大化廢教大德廢言大孝廢命大忠廢諫九廢者聖人之所以異于人也

介問魏相白去副封可以防奸乎先生曰惜乎未探其本也介封事而去之則三代矣曰其知世變之難何曰高帝

文景之世雖有對策尚未封事也距此方數十年耳去之則何有且相因許史而白去副封宜乎其不知本也然其論兵論災異則猶有皋矣康誥之風焉又曰自漢以後封事亦不可無

介問學孔子自何人始先生曰自顏子始學顏子自何人始曰自程伯淳始學伯淳自何人始曰自尹彥明始故知孔子者莫知顏子知程子者莫知尹子

先生曰林慮馮敬臣某之畏友也弘而正益之以信斯可與窮理溫而恭益之以義斯可與盡性明而審益之以果斯可與知命

秦子西澗曰爲政專治豪强則貧弱安矣先生曰有意爲此亦非政體詩云王道如砥其直如矢康子對山曰至公之言也

子實問寺人之害柰何先生曰洪武之世如周文武其寺人皆庶常吉士矣故莫聞其名也永樂之世如漢文武其寺人皆賢良方正矣故莫稱其事也正統以後有蟒衣自王振始也成化以後有玉帶自汪直始也王振内竊絲綸之命汪直外操撫按之權是三楊陳王輩之罪也

先生謂伯需曰某少事周垣曲其洒掃應對之節可得而聞矣童事樊河陰其勤勵儉約之風可得而聞矣弱事高

龍灣和獲嘉氏溫恭慈祥之懿仁厚無爲之度可得而聞矣壯事孫大行其嚴毅持正之矩愽大英銳之範可得而聞矣然今皆未能有一存焉知之何其勿思也

先生曰孔廟從祀之舛亦由仕路乎薛生曰何也曰汲黯丙吉蘇武黃憲陳寔郭泰諸葛亮宋璟韓休尹焞而不祀馬融楊雄而祀何也曰數子無著述曰七十子之祀者亦有不知其名者著述安存乎夫祀也紀德則人務實紀言則人務名世之治亂所係也其可苟乎

先生曰志在榮身者未必能榮其身志在榮名者未必能榮其名故君子以正心爲本務實爲要

仁者可親義者可畏可親則爲善者衆可畏則爲惡者孤世其問朱子一封事數萬言何其已富乎先生曰必若此焉老師宿儒讀之亦欠伸思睡矣況幼沖之主哉然則道之不行亦在我者之過乎

詩問格物者何先生曰其亦程子主一之說乎何謂也曰如目有視面視膝視足及淫視勿視之不同也格而知之以必行耳言動諸物皆然也故大學舊本以脩身知本爲知至也朱子所補格物之章非歟曰未嘗亡也又何補之有且如其補爲所謂當世不能究其辭累世不能殫其用也然則朱子必以格致誠正告君者何曰此邵堯夫所謂

生萬對上結也道之所以不行乎夫不審其宜而驟語之雖老儒猶或病焉於幼冲之主難矣哉易有納牖遇巷孟子有好貨色之對其亦未之格邪

進于洹野只今有擬經爲言者人皆譏其非先生曰擬經而言必擬經而行矣如其行之戾經也人之譏也宜矣且今爲詩者擬李杜爲文者擬韓柳人不以爲非也擬經而譏何哉易不云乎擬議以成其變化

欲蔽仁利蔽義何以去欲無物何以去利無我無我然後能正物無物然後能正我故仁義者君子之所以參天地也

先生見竹林七賢圖嘆曰在國無君在家無親在前無魏
在後無晉在朝無政在鄉無俗者七子也
董仲舒漢之醇儒也其初有功于孔子之道者乎孟軻之
後邪說又息孔子之道大明于世自董子始
先生謂癸子曰古之聖人論禮樂者莫如孔子故曰人而
不仁如禮何又曰禮云禮云玉帛云乎哉樂云樂云鍾鼓云乎哉然則玉
帛鍾鼓亦有廢之而用者有用之而廢者故世治矣無此
不足為損世亂矣有此不足為益故君子探其本
忠信哉斯司馬君實也無之以張子厚之禮而王道備矣
西里子曰吾聞人衆矣多言術詐可以籠民而獲上謂忠

信者無用之本也而子獨言之何先生曰噫乎茲世之所以可憂也夫忠信之行有三一曰寂然不動感而遂通二曰知禮必爲三曰朴實無聞一焉者聖也二焉者賢也三焉者愚也不愚不聖又弗賢焉某不知之矣六

胥問史約之始伏羲者何先生曰聖人之好古者莫如孔子然係易則自伏羲以下刪詩書則自唐虞以下其上莫言也故伏羲之前不得而詳伏羲之後不得而畧

先生謂陳詔曰唐詩不廢天下不治漢文不興天下不平詔曰何謂也曰漢文質而簡措之則易行唐詩虛而靡者之則奚用故興漢文則人敦行誰不周勃汲黯哉貴唐詩

則人滋邪誰不吕温元稹哉
胥問通鑑帝魏綱目帝蜀史約則主漢而平書從代云者何先生曰凡一統則稱帝帝魏自中原而言帝蜀自接漢而言皆偏辭也平書其實乎猶戰國之例赧王歿雖東周君不得稱帝也曰王莽已一統不存新紀者何曰建武元年帝孺子始弑于臨涇又何新紀之先存
言問鄭子產及申屠嘉同師伯昏瞀人子產恥嘉之兀也每出入不與並嘉遂以形骸之外耻子產嘉其德充歟先生曰嘉其德克則弗兀矣夫子產不耻其同門而耻其出入是舍門而出入也師其何如哉是嘉非子產之友瞀人

非子產之師茲莊周之誕乎

先生謂舜讚曰君子正其体而後觀末棠之章奐其富而後觀山藻之飾志不足人而榮華其言難以適治矣王仲淹謂陸機文子不信也不然何父子兄弟皆不保乎嗚呼道不足而攻文者可以戒矣

東林書院語第四

門人高陵權世用錄

用問鎮守之害使人不能聊生何也先生曰此非知制勅者之過邪故不為作欺人勅則朝廷奚遣故不為作斯人勅則鎮守奚害彼鎮守者又何足道哉

伊問書終于秦誓者何先生曰秦誓其可以作聖乎夫人不患於有過患於有過不知悔而改也悔而改之雖秦穆也堯舜皆可爲矣故書以二典始以秦誓終

先生謂子言曰詩有三教風言乎其俗也雅言乎其政也頌言乎其德也故讀風而知俗之美惡取舍之教立矣讀雅而知政之正變興廢之教立矣讀頌而知德之淺深幾微之教立矣故賢而后能知風聖而後能知雅神而後能知頌故德以善政政以善俗

李繼祖問吏而登仕勞而進官王仲淹以爲秦季之餘酷者何先生曰選材而仕猶或僨事度德而官猶或病國材德

不據而以吏與勞爲多見其棄民也三代間寧有是乎
叔用曰尹彥明程門之高弟也爲母而誦金剛者則何居
先生曰斯其去平日之所嗜也然亦去子學仁之誤乎過
此則舜之順親矣
胡子有其友死訪哭道焉先生曰夫子不云乎哭諸寢門
之外曰爲位乎曰爲位曰奠乎曰奠曰禮乎曰禮不可以
奠之實也夫奠其實哭乎
先生謂叔用曰師友之功誠大也渭南薛公之學某以爲
所自得也嘗遇于長安僧舍而叩焉公曰敬之以蘭州周
蕙爲師陝州陳雲達爲友矣周有朱壽昌之行陳有程正

叔之志乃然後知薛子之學矣擇師選友其可易乎

先生謂介曰予聞諸涓眷薛子曰介菴李錦關西之豪傑也其貧守道好學至死不倦今亡矣夫薛子其亦見介菴而興起者乎

介問程門之高弟先生曰其尹彥明乎曰不有游楊乎曰游楊竊曰游楊之精近于禪曰此其所以粗也曰尹在朱門當何賢曰雖朱元晦且讓焉況其門人乎尹任孔門則何若曰其學顏子而未大者乎

容有言滇翁之困浮于水上者可盜而移也馬子谿田曰其猶學之無本有浮名而為物誘者乎先生曰此謂致知

在格物

先生謂薛生曰河津薛德溫先生直内方外果敢自取可謂得魯齋許子之傳矣蒲州衛述先生嘗學于河津先生忠信無詭可透金石可謂不愧乃師矣予嘗聞諸蒲州王紳先生云

門人問避禍先生曰從義問謀生曰安命又問焉曰非義之禍君子不避非命之生君子不謀

官問友三益者何先生曰友多聞不如友諒友諒不如友直故夫子以友直爲首

楊明父之妻死其子之服未祥也其繼妻又欲死有爲楊

子謀著欲爲其子先娶也楊子惑而問焉先生曰此大倫
也使汝子無知則可如其有知也不歸怨于子乎君子宅
身一曰義二曰命禍福不與焉嘗聞教子以義方子是之
舉亦爲納之于邪矣

權用問文之不明者何先生曰行之不篤也久矣何謂也
曰學之不講也久矣安得講學之人與之論行乎安得篤
行之人與之論文乎

三過而不改者是爲玩過三禍而不懼者是爲樂禍斯其
人終不可與入堯舜之道也

先生謂馬子谿田曰外曾祖宋公之德業未之今見也其

聞諸長老曰公之爲書生也宋新養親百無感答教授潞
府潞王語默當禀度焉曰眞吾師也及其垂歿也墓旁當絕
穴子弟請易之公曰王兄弟四人當誰易也卒定焉嗟與
曾子易簀亦近哉馬子白理聞王太師端毅公評西安人
物矣比宋公於漢壬養伏生
霄問曰堯視天下重於己子然乎先生曰然昔堯以天下
之故捐二女於虞舜若試之而不登庸焉二女爲虛歸矣
又舜既可用也又廢乎丹朱當是時也視天下重視二女
爲男輕然則孟子何以言幼吾幼以及人之幼曰推恩之
仁焉近而及遠愽愛之仁舍小而謀大

李立卿曰陳白沙幾乎崇效天薛文清幾乎卑法地矣先生曰智崇亦由禮卑禮卑亦由智崇易曰一陰一陽之謂道夫二子之道其未之能習也然亦嘗聞其大節矣白沙狂而未足文清狷而有餘由孔子言之皆可以入道始學者如趨焉文清其正矣

涇野子語録卷之二終

涇野子內篇卷之三

東林書屋語第五　門人高陵吉士錄

鄭子閤問禮庶子爲所生母練冠麻衣縓緣爲父後者無服父死始爲其母緦今亦斬衰何先生曰由父視之有妻妾也由子視之知其母不敢知其妾也生身之恩莫大焉而不三年非所以存其子也故孟子曰雖加一日愈于已且繼母慈母養母皆三年生母而不三年何居父命他妾養已者比于父之他妾生已者不旣輕矣乎生母無服雖聖人之制亦可改也繼母者何曰子夏曰其配父與因母同孝子不敢殊也慈母者何曰子夏曰貴父之命也貴父

之命即同母不亦重乎且孔子文何以非魯昭公之練冠也曰孔子文不云乎子生三年然後免于父母之懷夫慈母固有三年之懷矣不然不生不然不長不然不知有父也養母者何曰吾母不以其子爲子也吾斯出養母不以其子爲子也吾斯入吾母旣不三年養母又不三年天下豈有無母之子哉

先生謂祖學曰君子之事君也格其心不耀其寵時其諫弗謀其身請聞焉曰昔者蘧伯玉謂顔闔曰形莫若就心莫若和就不欲入和不欲出形就而入爲顛爲滅爲崩爲蹶心和而出爲聲爲名爲妖爲孽其知此夫

繇問乾元者始而亨者也以下者何先生曰言四德一理也是故或別而言之以盡其用或合而言之以著其體是故乾元始亨言亨即元也其利貞即乾元之性情也故乾始即能以美利利天下則亨利貞者非乾元之外又有物也故剛健中正純粹精之七言以贊此也六爻以明此也故聖人乘六龍以御天通其變使民不倦雲雨之比豈其然乎

先生謂周官曰先君子于臨喪必能圖其終臨祭必能格其神臨訟必能辯其疑臨諮必能知其故臨患必能圖其安予常事不能酬必責予曰汝所讀書奚往邪故馬谿田謂

先君子不言而躬行

琥問文先生曰治左氏周官問文曰治尚書原勳問文曰治李下權用曰何謂也曰琥俚而不則官易而不典勳博而不暢

子閭問父卒嫡孫爲祖父母祖卒爲曾高祖父母斬衰者何先生曰父祖子孫一體也祖喪其子則孫喪其父也故祖卒曾祖曾孫猶父子也曾祖卒高祖玄孫猶父子也

伊問秦鞅何以開阡陌也先生曰發棄地以盡地利聽買賣以盡人力定永業以絕歸授耳曰可乎曰廢先王之法惡乎可也然則始皇文何以令黔首自實田也曰井田既

廢民多無井故舍田税人地數未盈其税又備曰可乎曰是遂民也或耕豪民之田見税十五者何輸田主也曰可乎曰里有公侯之責此之謂也

霄問仲止之冠也渭陽公不爲主以應賓而子代之者何先生曰吾父告諸廟使其習禮于君子敢不執其勞古者筮日于廟所卦者執卦以視主人今以大統曆選日何曰制也帷房設洗陳服皆如禮矣乃不用爵弁服皮弁而儒弁襴衫絲縧弁皂衫者何曰亦由夫制也古可因者則從古古可革者則從今古冠者見于母母拜之今四拜于母母坐受者何曰子雖黃耇台背不可無親也母坐而拜子古之

不可從者也

逵問勾踐之事吳也用大夫種之謀以巳女女吳王大夫女女吳大夫士女女吳士復納美女于太宰嚭撫越十四年而遂滅吳董子所謂先詐力而後仁義者也孟子比諸太王不亦過乎先生曰勾踐固非太王之儔矣然其憤檇李之敗而棲會稽也弔死問傷養生弔憂送往迎來去惡補不足免者醫病者救怨曠者有罰國人三請戰而後興師可謂知辱自憤近于知矣當是時也有如此君者乎故秦穆公五伯之亞也孔子以其悔過可以入聖也錄其書以終堯舜越勾踐諸侯之末也孟子以其知恥足以入智

也取其志以並湯文聖賢樂善棄過之心如此夫

東林書院語錄第六　門人高陵崔官錄

劉子曰晚宋群臣遇難皆避去太后下詔切責至以無顏見先帝于地下爲言及論守節而獨稱李復侍郎一人然則宋人材何以寡乎先生曰死難之士安石輩皆逐之于前矣避難之士皆云去矣又何以責其不死乎故張敬夫曰伏節死義之士當於直言敢諫中求之

官問婚有六禮今用納幣請期親迎者何先生曰納吉納徵納采實未嘗亡也但行之苟簡耳問納幣曰昔文中謂婚娶論財夷虜之道今天下皆論財欲與桃夭肅雝之化

不亦難乎無惑乎治日之少也
先生謂九川子曰汝帖不若絳帖之爾眞也夫書入木石即失厥初得三遺七取形去神者皆汝帖也夫書存意尚可考跡在世亦可辯故三代之書聖世之書也其文典而漢之書治世之書也其文樸秦始渝古變國之書也其文奇魏始通元者國之書也其文淺晋宋齊梁陳隋亂國之書也其文治而捷後魏北齊後周諸胡盜國之書也其文粗而厲唐衰矣其文淫于晋宋虛矣其文蕪于元九川子曰果哉唐雖篆亦俗漢雖隸亦古世變趨下如此夫
官問程子曰露者星月之氣所爲故夜陰則無露先生曰

不然亦地氣耳夫當春夏之時地氣之升也重則爲雲爲
雨不重則不爲雲雨而爲露當秋冬之時地氣之升也重
則爲雲爲雪不重則不爲雲雪而爲霜其究則亦天之氣
感之耳如以爲星月之氣而爲露也冬夜豈無星月乎奚
不露夫天之露霜猶人之語默也子亦求之已而已矣
官問孔子奚不論日月雨雹先生曰昔在子路問事神夫
子且不對曰未能事人夫聖人論人如此其亟也人猶舍
而求之渺茫如聖人而論日月雨雹也後之流弊不可勝
言矣然豈其言人即言天也言天即言人也故春秋紀日蝕
雨雹水旱霜雪皆爲言乎人

洙問外想心難絕先生曰心無主則客邪交侮矣又曰以其
可想心換其不可想心何以有主也曰禮義浸灌日比其久也
心與理一雖有客邪不能入矣今有言讀書非力行者以
予言之背過四書六經眞力行之士也蓋非心好義理則
六經四書不能入胷中矣洙無獨玄談而不苦學
官問楊子雲曰通天地人之理謂之學先生曰子雲焉知
學何謂也曰蒼蒼者豈天理茫茫者豈地理哉惡乎學曰
通人則通天地
有督糧參政法嚴而令刻過涇野草堂先生謂之曰昔者
糧額之初定也西安南有澧滂皂滈北有鄭白二渠其地

稱陸海爲故其額甚重也今官設而職廢渠存而水渴然而有司者猶以額徵爲如之何民不逃且盜也於是有何副使道亨者聞而奏于朝以脩豐灞王御史諸渠比水行而遠近強弱之用又弗平先生曰果哉興利不如用人

動問王仲淹謂杜如晦若逢明王于萬民其猶天乎則何如先生曰如晦且不能正太宗之閨門況其他乎父子君臣各止其所豈小之乎哉仲淹亦適譽矣

官問君子不教子周公則撻伯禽孔子則訓伯魚周公孔子非歟先生曰此孟子因責善之事而說之激也古之聖人自胎任及食食能言已教之矣子之不教是愈疎不慈

也故教則可責善則不可責其善非教歟曰教有養之之道
責善有服之之道若周公之撻伯禽則為成王也

涇野子語錄卷之三終

涇野子内篇卷之四

端溪問答第七

門人解梁丘東魯録

端溪子問桃李冬華春王正月大雨雹暑月冷雨十月或雷鳴者何涇野子曰人事有順有逆則天道有常有變然亦有不盡然者其氣數之錯乎

問夏月甚炎而井水寒陰在下也冬月甚寒而井水溫陽在下也一寒一溫其二氣之升降乎曰人呼吸亦然故學者精義以致用

問恒情聞人有善則忌之聞人有過則附會之慶平生人有小能細行即責之其或有背負已者則但付之一嘆息

實未嘗置之胷中此其悔也反德之一不知此心可進否曰
纔說不留之胷中尚差此上更有好路途也
問中國之與四夷雖風氣有以限之然亦自然之勢故藩
臬孰與京師郡縣孰與藩臬村落孰與城市故聖人在中
國則海不揚波四夷向風亦如天地之化無遠弗屆耳而
又何勢之云曰揆文教振武威亦可玩也
問凡天下明生於晦動生於靜華采生於素巨生於細終
生於始理固有然者矣是故聖人抱朴守一與天地同化
愚病不能韜晦已耳曰韜晦亦小事耳
問人之吉凶凡以善惡而已故吉人而罹災是曰反常之

人而獲福是曰不祥然君子之爲善則豈以是爲忻慼哉
今不然聞鴉噪則以爲凶爲憂聞鵲噪則以爲吉爲善嗚
呼其亦異乎曰定而后能靜靜而后能安凡天下之道只
貴知止能知止聞鴉噪亦不憂聞鵲噪亦不喜

問言行士夫第一義孔子曰言必信行必果孟子又曰言
不必信行不必果將安取衷哉曰皆是也孔子以必爲小
人孟子以不必爲大人

問天下古今莫難者相知尤莫難者相信夫以聖莫如周
公有何不足信者何必至風雷之變然後釋也則夫不如
公者可知矣吁是宜眼底紛紛者衆也故人知不如自知

人信不如自信曰惟亦爲几几好觀若常人雖微風輕雷亦駭然矣

問天地一元十二會一年十二月一日十二時統而言之不過六陰六陽迭相循環然陽中未始無陰陰中未始無陽學者觀於陰陽之間亦可以進德矣曰孔子斟酌四代禮樂亦此意故曰變則通又曰通乎晝夜之道而知

問千古聖賢心事與天地萬物萬事之理無不賴文字以傳所謂文字如六經四書之類是也故嘗竊料人固不可專靠書冊舍書冊亦豈所以爲學邪曰顧觀之者如何耳四方上下山川草木皆書冊也要之有所歸耳

問動物感人莫如音樂嘗見世之所謂戲子扮岳飛秦檜故事坐客往往泣下而況先王之雅歌者與故天保以上采薇以下關雎鹿鳴棠棣伐木蓼莪之章若時復咏歌亦未必無補於德性且於田夫野老之前扮岳飛秦檜即泣下沾襟者若采薇關雎等詩雖千百遍恐亦不欲聞也是故世變之不同人品亦異教君子小人亦異術

問漢文帝却千里馬與晉武帝焚雉頭裘事雖不同要之皆可為貴異物喜奢侈者之戒然文帝有一賈生不能用惜矣曰文帝之見與賈生不同恐文帝非賈生所能及也

問孔子食於有喪者之側未嘗飽與所謂是日哭則不歌

未嘗不嘆聖人心地只是一片自然至誠惻怛四字作聖之基也孟子亦曰哭死而哀非爲生鳴呼風俗日瀉禮教日壞往往臨喪不哀甚至父母之喪亦恬然如平時也曰習俗成體賢者亦改其初心有道者宜振之耳

問韶音作而鳳儀與春秋成而麟出恐是聖人至德太和有以動之耳非以音樂之和書成之故也曰音樂即至德獲麟麟之不幸也故絕筆焉其義深矣

問常憪玩生於所忽敬生於所尊今日只把堯舜禹湯文武周公孔子與顏曾思孟周程張朱只如見在當時與我相參恐其益不小故羹墻見堯蚤夜思舜若但以爲古人

書吾且讀之未免作輟相半如千里得家書何嘗不喜而
欲求所謂恭敬如對面父兄難矣曰此亦是一半功夫若
解後更須要他箇堯與舜在面前也蓋自不能已矣
問老子有言不見可欲則心不亂然則必見可欲而亂乎
夫使吾心有主其能亂乎必若吾夫子所謂非禮勿視聽
蓄然後為無弊曰人於非禮耳目雖勿視聽而心中不忘
則亦亂耳
問家難而國易固然家之難化莫如婦人雖怨吉之道也
至於婦子嘻嘻非所以肅內範也故曰終吝其必防之於
未然乎故曰閑有家志未變也治國基之矣曰防亦未盡

纔言防便骨肉間隔大要其身正與行道耳

問呂刑可以示用法者酒誥可以示嗜酒者二典三謨可以示望治堯舜者禹貢可以示治水者湯誓可以示創業者伊訓顧命可以示守成者大誥多方可以示化服梗叛者故致用莫大乎書也曰事雖有異道無不通只酒誥豈不可以望堯舜者哉

問長江之上大海之濱風波之險可畏也至於風恬浪息漁人出沒其間鷗鳥飛鳴其中若相狎而玩者何也水忘機也漁人鷗鳥亦忘機也若乃吾人之宅心宜若平且易焉已矣而反有不可測者則其爲風波之險莫大焉此莊

生所謂險於山川者也是故機心忘而後可以進德矣曰只看如何平易平易一差恐靡然矣

問孟子所謂勿忘勿助只是說自然而已蓋忘則涉於無情助則出於有意也曰勿忘亦非自然蓋自強也功夫全在此

問天下萬事精於勤荒於嬉如張東海以草書名一世亦自苦心中來向使移此心以學道其何精奥之不造乎曰豈惟草書哉雖詩與文亦然若苟有所志雖草書亦無妨

問天得一以清地得一以寧王侯得一以守其國天下所謂一非理乎所謂理非太極乎然後知老子得易之體也曰

老子未知易之用焉知易之體

問凡人必有堅忍不拔之操而後可以立後偉光明之業故君子莫大乎堅忍也曰堅忍固善然亦是細事耳

問皇極經世見邵子格物窮理之學然其視子雲之太玄不亦遠乎所謂補湊云者或者以程子不學其數爲賞矣籍曰一何妄乎曰太玄固於世教遠矣經世恐亦太淺近可疑

問今之所謂僧非墨子流乎所謂道非老氏流乎 故孟子於夷之斷曰二本孔子於原壤斷曰老而不死兹爲賊善斷二氏之病者莫如孔孟也曰孔孟斷二氏於未害之前故

難令所見者蓋流弊也

問物有氣化有形化是故星殞爲石非氣化者乎雀入大水而爲蛤非形化者乎曰星之氣凝聚重濁已欲成石而後殞也雀入水化蛤其性近乎若他鳥則何以不能

問先儒謂月借日爲光夫日太陽之精月太陰之精各用其明無假借也若謂借日爲光則是月本無明矣譬之陰火陽火其有明一也譬之人之目左爲陽右爲陰亦不借爲明乎況周書曰哉生明言月之始生明也又流星自天而下亦有光也是知月之弦望盈虧養明於晦也以漸而盈虧陰故也吁凡天下之物未有不晦而明者獨月乎哉

曰星月皆借日光恐是故月未望一不圓日出一見沫爲災

問劉元城忠孝大節偉然矣至於喜談釋氏豈是其小故或者乃以此而病元城吾於此有感焉曰談釋氏亦不能病元城卽今世儒能如佛心者幾人哉必有孔孟之道然後可闢佛老

問凡虛明輕清者皆屬天沉厚重濁者皆屬地若乃指高高在上者曰天指隤隤在下者曰地恐未然乎曰語須有着落方好端溪則何以指人耶

問日以沉而升月以晦而明雨以旱而貴物以蓄而生故君子明忌於大察忌戒乎濫施天道人事一而已矣曰升

沉晦明皆不得已而然也有心於晦沉則有心於升明矣

問人必心平氣和而後可以處事心平則理暢氣和則辭婉是故可以動人矣曰心平氣和非爲欲動人爲也

問人不難於聰明而難於忠實事不難於遠辦而難於安詳知此可以語道矣曰只忠實安詳更有說也聰明字恐誤認也

問天下智者少故曰知人則哲惟帝其難之嘗私論小人有不可測之奸君子有不可欺之明恃明以照奸則小人無遁情矣然尤君相之所急者也曰知有三要一曰無私二曰無惑三曰無自矜

問孔子作春秋雖事因魯史而斷則聖心也故曰游夏不能贊一辭六段春秋無所容私非謂游夏真不能贊一辭也曰雖使游夏學至無私然千變萬化因物付形處恐亦不能措手耳

問凡晝屬陽凡夜屬陰凡民有疾晝必多輕夜必多重凡人作事晝必多精明夜必多疑畏故狐狸必夜出鳴梟必夜鳴陰陽之分也惟君子陽剛以為德窮理以達變故通乎晝夜明矣為一曰易謂通乎晝夜之道而知恐不止此故曰君子而時中文曰不舍晝夜

問揚震辭金一事固難於暮夜尤難於鳴呼有官君子如震

所為亦庶乎不負於吾君矣曰若雲者將期與天地鬼神對豈止于一不負其君哉雖然連金晝夜不至方信

問天地間唯卓然自守為良圖耳紛紛多言果何足貴哉曰止自守亦非為良圖言亦不可廢

問靜時體認天理易動時體認天理難故君子存靜之體認者以達乎動之泛應者則靜亦定動亦定其為成德孰禦焉曰動時體認天理猶有持循處靜却甚難能于靜則于動亦然矣

問人心其猶用兵乎用之善則克敵用之不善則害己是故君子莫先於治心兵矣曰人心之欲如盜用心制欲如

◎

以兵逐盜兵非人心王村曰用制欲如以兵逐盜不若言以義制欲如以兵逐盜兵非人心為明白先生曰是也

問嘗謂人之生也陶冶於造化其猶傀儡在技兒之手乎及其死也歸根復命其猶傀儡在技兒之櫜橐乎可笑也亦可悲也只人之生如泡聚于水上其死如泡散于水上如傀儡在技兒之手則天地為用力矣傀儡在櫜橐之內則魂魄不散類輪迴

問草木何以無知也禽獸何以有知也意者草木之偏於氣者乎禽獸其兼氣盈有知者乎夫惟有知故有牝牡之性生育之道矣曰草木本乎地者多故無知禽獸本乎天者多故有覺人兼天地之道故靈于草木鳥獸人而不能

盡天地之道是亦草木鳥獸也
問倮虫録不如山海經山海經不如博物志博物志不如
爾雅爾雅不如詩故曰小子何莫學夫詩詩非止優於
爾雅博物山海倮虫也爾雅等書止明物詩則即物以明
人耳
問天地之精開竅於日月人物之精開竅於耳目草木之
精開竅於花實雖小大不同其理一而已矣曰聖人憲天
聰明則萬國理萬物育諸竅皆通矣
問身者其神之宅乎神者其身之主乎故君子愛身養氣
以培其宅所以存神也故神存則人生神去則人死其道

爾也曰神者身之妙用動作云爲知來藏往皆神也死而不便散者凝聚者豈且固耳

問慱物宜莫如子產而不能察校人之詐持已宜莫如孝肅而不能免猾吏之欺孟子曰君子可欺以其方言君子信理宜乎世之詐君子者衆也曰校人之詐不必察猾杖之詐孝肅明亦未至乎不然則平日性情之偏吏已瞰其微乎

問飲以養陽食以養陰生民之恒故觀便液之清濁而陰陽可見夫道不離乎日用故男女飲食道之端也彼求於人事之外無適非道乎曰此等陰陽論道恐亦太淺若謂

求道於人事之外非道者則甚切

問至禮不讓而天下治至樂無聲而天下和其五帝之事乎三而下涉乎迹矣後世至禮壞而民無所措手足至樂崩而民之怨咨生焉而欲至治太和難乎曰只是個仁則難故孔子曰人而不仁如禮樂何

問孟子謂仲尼之門五尺童子羞稱五伯爲其先詐力而後仁義也此語極有力在吾儒尤不可忽也曰學者終身事業只是一個誠與義反之則市井盜跖耳

問心其太極矣乎心之動靜其陰陽乎心之四端其五行乎故君子莫大乎養心曰養心是學問根本不知將何以

爲養耳顧端溪子終教之

涇野子內篇卷之四終

涇野子內篇卷之五

解梁書院語第十八

門人解梁王光祖錄

東魯光祖因述西渠翁御史時事先生曰真御史也所行皆經術今安得有斯人乎問崔洹野曰其人聰敏每見之得聞所未聞不覺除去積心蓋博古通今之士也問穆玄庵曰雖好佛學然其行則忠信端正士也問馬柳泉曰溫恭純良通達國體但其學或有似老氏處耳

光祖問薛文清公可與舊前賢誰比先生曰比吳草廬則有餘比許魯齋則不足

德在言先者其言亦可爲喻言在德先者雖三令五申莫之

能聽矣行在文先者其文亦易明文在行先者雖綯章繪句亦無所於用矣

先生謂平陸諸士曰大平陸於商有傅說焉孔子刪書而取其三篇者此地產也於春秋有宮之奇百里奚焉孟子論人取其忠智者此地產也今去三子千有餘歲矣其山之靈河之秀豈無鍾其於人若三子者出於其間以爲孔孟之所取乎

先祖問二程先生孰優先生曰明道優然始學之道其必先自伊川之方嚴進乎

先祖問程門尹謝游楊四子孰優先生曰惟尹彥明吾最

敬焉篤志力行有周漢人風使及孔門可方由求乎

丘子孟學曰舉業之溺人與佛之溺人一般先生曰就溺中不爲所溺方是登岸

先祖曰觀屈原離騷之言其忠君愛國之心誠可敬然當其時君既不用隱居可也何必投汨羅水哉先生曰此其志亦可悲乎雖非中道之聖抑亦不遇時之賢也此風行可以厲頑頻無恥之徒而況原爲同姓之臣乎

先祖看鑑至魏晉間嘆曰能孝不能忠者其太保王祥乎他日以問先生曰尔看曾閔之[illegible]肯仕大夫之家乎由是知後世之稱者一節也故君彥明以論堯舜孝弟甚廣大

光祖曰漢昭烈戒子勿以惡小而爲之勿以善小而不爲惟德惟賢可以服人何如先生曰上二句眞至言下二句則近伯矣

先生常勉學者必以聖賢自期不要把自家當做草木類行坐常思自己終身做如何人也如此激昂必至忘寢忘食

光祖問曰在下者多諂在上者多驕何故先生曰在下者諂而後在上者益驕

光祖曰後世學易而不能用者其京房郭璞乎先生曰斯二人原未學易耳

光祖曰物之遇雨或生或長其效甚速人遇教而不興者何也先生曰只是中心未實如五穀之種或蠹或浥難乎其爲苗矣

先生一日夜坐仰山堂使諸子各言志之所欲耿重光對曰欲輕外物明義理曰凡人義理不明正由外物牽制耳使常重在義理外物即退矣立東郊何如對曰讀書常欲爲已曰爲已不同若獨記文字欲不使人知及考試則在人前耶對曰否曰是不好勝不矜誇不圖利爲已乎對曰然曰若是好用力也張泰何如對曰欲求一實學曰只欲實幹舉業亦不是實必以聖賢之實自體貼方是實耳王

王旻何如對曰欲期至遠大曰當自實與爲已做起工夫至大而至至小至遠而至近可與郊泰切磋也盖爲學須求良友講論勸戒方有進若自家誦讀終無所得

光祖曰有舜之德夔方能成乎韶樂如無舜德雖有夔亦難乎其作也先生曰夔樂亦又在用稷契皋陶益垂伯夷之後成

光祖問程子蝎頌云殺之則傷仁舍之則害義如何處先生曰若傷人則殺之與故殺不同如此則仁不傷而義不害

朝邑王夔父卒有遺命欲停尸以待繼母之終然後合葬先生曰從親一言而暴親尸於久遠不可古人常有從治

命而不從亂命者矣

先生夏縣禹廟記言禹之所以爲禹其要在拜昌言守令

光祖輩熟讀以自廣

光祖曰西渠張仲修作河東書院以崇義遂利名齋極中人之病今豫爲居仁由義矣先生曰甚非作者之意也

先生嘗稱潞州仇時茂有古王烈之風焉

先生自運城會司馬主政邦桂回光祖問其人如何曰貌象古雅所當真賢者後也

先生欲寫鄉進士大字賜光祖光祖曰願得長慶堂字不願得鄉進士字也先生曰只此便是祿在其中

先生在書院時常夜隨擊柝者以觀號見安逸或寢者旦責之曰與汝是地爲逸乎與汝是屋爲寢乎且汝有是身止於工文詞謀科第以爲人乎抑亦求汝身之所始思汝心之所終觀天地之不自息念父母之所生明無人非幽無鬼責以求不同於秋草者乎先祖一日誦之曰此言聞而不感發者非夫也

先祖曰有司尚貪酷固百姓之不幸也亦彼子孫之不幸也先生嘆曰貪酷者無以爲得計

先祖曰張南軒潤色二程遺書爲粹言何居先生曰使人讀之反因文而薄意

◎

涇野子内篇卷之六

柳灣精舍語第十

門人解梁王光祖録

周道通曰衝見鄒東郭言學濂洛關閩自孔子學下來或曰自濂洛關閩學上去如何先生曰昔明道兄弟十四便學孔子後來尚不及顔閔之徒只學孔子後亦未知如何耳孔子萬代之師也

問交友居家處世不能皆得善人甚難處先生曰此須有憐憫之心方好能憐憫便會區處如妻妾之愚兄弟之不肖不可謂他不是然此仁智合一之道舜欲並生張子西銘具言此理但千變萬化處非言所可盡也

問為學只不間斷好先生曰何以能不間斷曰責志曰此亦是第二層功也其要只是能知耳能知得便會顏子之欲罷不能也則何以謂之知曰如躰寒思得衣以煖腹饑思得食以飽是知也因問焉能得知曰在默識自省耳曰此固是要法若隨事觀理因人辨義讀書窮理皆不可缺故曰致知在格物

問屢空之空只是虛字若言貧恐小了顏子曰屢空貧亦非小事知破此便尋得仲尼顏子樂處也

問今之講學多有不同者如何曰不同乃所以講學既同矣今人多用講邪故用人以治天下不可皆求同求同則讒

諳而說之人至矣道通曰果然治天下只看所輕重

問身甚弱甚有作盜賊的力量既而爲聖人方易先生曰

作聖人不曾是用這等力量見得善處肯行便是力量溺於

流俗物欲者乃弱也

光祖問母有被出者其父亡而母復歸焉爲子者事之乎

不事之乎曰不幸而父死其服如之何先生曰事之其服也

猶服其出服

光祖問父母或有先亡者爲子欲廬墓盡心於死者而生

者又不能養當何如以處之先生曰廬墓非古也父先亡

廬之可也母先亡廬之不可也李大愈言母無養則何如曰

勿廬以求養可也

先祖問親與師當事之如一也或送師喪於中途而聞父母之喪何以爲情先生曰奔父母之喪師有練祥之事則一臨然必與師之恩如三年之戚也則行之

先祖問父母俱存兄弟鮮矣而子出仕遇君之難死之則不孝不死則不忠二者何居先生曰當是時君難爲重父非徐庶可比

先祖問孝子在初喪水漿不入口者何故止於三日也先生曰節也不及乎是日者忘死也過乎是日者滅生也故子思以曾子爲不然

光祖問禮曰居喪讀喪禮若三年問奔喪喪服記雜記間傳諸篇耶否不可讀耶若不讀何以見古人之行與制禮者之心歟先生曰孝子讀此起不忍之心故耳故伊川喪母而後喪禮熟

光祖問有爲人子者常以仁義之言陳於父母其父母猶有傷風敗俗之爲不知更有何道以事之乎先生曰雖則仁義之言其作用亦當有法不然則爲非仁之仁非義之義難以諭親于道

光祖問常時諸侯有以國讓孔子孔子受之否歟先生曰不受而相之蓋以國而讓之者必其知孔子而欲用之者

也又何受乎
先祖曰唐高宗立武后得李勣一言而决宋太宗欲傳位聞趙普數語而止二人之罪敢問孰重先生曰太宗見利而忘義故子母兄弟之恩缺高宗見欲而忘禮故父子君臣之分滅李勣趙普皆揉其心而成其志以言其亂倫則均也若其相君之業當又別論耳
先祖曰孔子云大德者必受命皋陶之德不劣于稷契夫何稷契之後咸爲天子皋陶之後則無聞焉抑當時用刑猶有錯處而至子孫未昌大乎世人多疑焉敢問先生曰皋陶之刑詩咏淑問書稱明允則固皋陶之德也豈有錯

處然其後封于土終子孫世世列五等諸侯又何必皆大子哉縱未爲諸侯未可以此必天而較皐陶也

今士大夫居喪接人皆蘇巾深衣光祖竊疑焉敢問是禮歟先生曰吾二十年前嘗傷其情之亡矣今三五年來并傷其文之亡遠矣是故亡情者必亡文亡死者必亡生俗也可痛矣乎

光祖曰邵子之數學光祖以爲即揲蓍之捷徑也而先儒與近儒多鄙之若繫辭揲蓍之說亦非歟先生曰邵子之數與大衍之數頗異邵子之數方而滯近利也大衍之數圓而神本義也利則人皆慕外其求之也有中有不中皆

息于盡性矣義則人皆莫內動無不利皆樂于知命矣毫釐之間義利之分故程子與邵子同里閈二十年不問數

先祖曰陳寔郭泰管寧陶潛四人皆傑士也敢問孰優先祖欲學焉孰從先生曰大人有仁之量林宗有仁之材以言其錫類則均也幼安有仁之信淵明有仁之智以言其仗節則均也子欲學守身無如管陶子欲學及人無如陳郭然必看管陶之節而後有陳郭之用斯四傑吾不能為之優劣

先祖曰王石渠先生奏祀孔子與先農同此高天下之見也然孔子之功德實與天地參焉以祀先農者而祀之先

祖以爲猶有屈也然當時禮官不從者何先生曰汝知吾
人之徒乎非先農不能生非孔子不能教教養同功但
多忘先農耳
光祖近得新增伊洛淵源錄乃月湖楊公廉之所增也多
是朱文公論議諸賢之短處敢問是非先生曰月湖亦好
古之士但所見亦近世只說性理道學若孔門切實工夫學
渠恐未聞故所錄諸賢皆未眞
光祖問伏羲之畫卦因河圖之奇偶而程子因見賣兔者
曰畫卦何必圖書只看此兔亦可作八卦不知于兔何所
取也先生曰豈惟兔哉無物非八卦也只看識取耳此草

亦可八卦乎自然

光祖問曰薛文清公祠堂記云吳陳羅胡有極高明之學道中庸恐未同黃李王子有以身徇國之勇盡精微恐不逮然未同不逮者可得聞乎先生曰薛子以所學者見諸躬行而無過高之弊以所行者本諸精思而無計功之失諸子不及也

或問曰左傳有子雖齊聖不先父食之說若孔顏猶子曾子子思皆先父食也不知當時何所據以行之乎光祖不得答敢問先生曰子不先父一 國宗廟之祭也王子論者不論功文廟之祭天下報功之典也王子論勢不叙倫者

別立廟以祀無繇點鯉斯盡善

先祖問曰魯用天子之禮樂孔子嘗不足矣如久于相魯將革之乎從之乎先生曰孔子于衛且正名況於魯曾乎觀吾不欲觀之言以及墮郈墮費之行可知其必革矣所未可必者顧用我者如何耳

先祖曰事親從師皆學者切要事也若親與師之地相去百里欲事乎親而學或不明欲從乎師而親或缺養敢問所處之道先生曰是切問也子苟志于此又何患缺養與學之不明哉學是故明學即所以養親養親即所以明學故歸而求之孟子之拒曹交以善養我程子之喜君厚也

光祖問孔子之心常以尊周爲本其至齊衛之邦皆見其君何獨至周之都而不見其王耶果周王衰甚難於扶持抑周無賢人之引歟先生曰無賢人之引或然蓋夫子亦嘗至周問禮樂矣知禮樂者未嘗薦夫子況其他乎故曰古之君子未嘗不欲仕又惡不由其道

光祖問曰先生常使人學須要學二程子一日又見宋儒極高明而未道中庸然則二程亦未道中庸乎先生曰恐亦有未盡處若明道則道中庸矣

光祖曰漢之蕭曹丙魏唐之房杜姚宋宋之韓范富馬元之劉史耶律皆當世所共稱其功績已著于史策敢問其

心孰公其相體孰正有可以紹唐虞三代之佐者乎先生
曰斯十五人者雖不及唐虞三代之佐然其心亦近公相
體亦近正少有純疵之別人品之優劣見矣若蕭何之才
丙吉之德宋璟之正韓范富馬之忠耶律楚材之畧雖以
參乎三代之佐如靡巫閎夭者將亦無愧乎若夫參暗于
黃老相進于許史房杜謀懿建成姚崇近于逢迎劉史之
未達大道此諸八人其少劣乎
光祖曰李泌初見肅宗于靈武謀議政事而不受其官此
亦罕有事也後雖受官及克復兩京即懇乞還山似與張
子房事同敢問其心何如先生曰方是時也使內無李泌

則子儀光弼不能成兩京收復之功猶高祖之日內無張良則蕭何韓信不能立平楚定齊之烈然見榮而不貪好謀而能成有功而不居其何所爲哉夫泌也將亦唐之張良乎

光祖曰周禮林孝存作十論七難以排之何休以爲六國陰謀之書或謂劉歆附益佐王莽者朱子曰規模皆是周公做但言語是他人做斯數說者或問何家爲的先生曰朱子之言是也但云言語是他人做恐不然非周公不能有此筆力也細玩之如畫工然物物而得所試體之如治家然人人而遂欲然必君臣一德者斯能舉而措之耳朱

氏何氏諸說將無有見於新脩宇文周輩之為者而立論乎文曰周禮亦有周之後王添入者如今之會典然

光祖闕曰夫子之作春秋其義必定于一也何子夏左丘明同受於夫子而子夏之徒與丘明之說既不同矣公羊穀梁同受於子夏何以又不同邪先生曰皆夫子之徒也有傳事者焉有傳義者焉丘明傳事義在其中矣子夏公穀傳義事在其中矣其不同也亦由是生

光祖曰何休著左氏膏肓穀梁廢疾公羊墨守鄭康成作鍼膏肓起廢疾發墨守休見之曰康成入吾室操吾戈以伐我乎光祖以為若康成過為求索以排之誠過也若得

義理果能鍼之起之發之是亦起予之徒休又何必出此言乎先生曰休也狹惟溺已見玄也廣似通大道休雖以玄為何氏之忠臣可也撫戈之言可鄙哉但玄之語欠婉遜耳

先祖嘗詢江南風俗皆若生女分家貲以隨嫁與吾秦晉之俗大不同矣敢問孰為近右先生曰江北婿禮浮于男江南婿禮浮于女以言其失古則均焉嗚呼安得復見儷皮贄幣之風乎

先祖曰食言不甘聞樂不樂此夫子萬世之教也近見都城大邑于初喪之時親朋携酒肴及歌者甚有自夜達旦

之蹇謂之倅我敢問此果成風而難變抑變之者無其人
耶先生曰嗚呼悲哉俗也惟有以生爲憂者矣故有以絶
爲樂者矣又曰民不知生故不知死然豈民之罪哉
光祖曰伊尹放大甲于桐使思其祖而改過也其心甚公
至霍光則直廢昌邑于一旦是因人言襲盛名人皆以爲
前有伊尹後有霍光者何也先生曰霍光安能比伊尹哉
迎昌邑已不似立大甲廢昌邑又不類放大甲伊尹之志
有商天下皆知也霍光之心所知者楊敞田延年耳其後
妻顯謀鴆許后而子山禹横逆乃光恬不介意將亦豈其
子如伊陟耶

光祖問孔子常云吾志在春秋行在孝經觀斯言孝經不可疑矣朱子乃疑非盡是聖人之言者何先生曰朱子特以其分章引詩體格不變爲疑耳然聖人之言在意不在文聖人之志在感不在法蓋必其章分條釋閭閻童稚可誦而鼓舞故也

光祖曰鄧攸存姪子危亡可謂克念矣顯然含子于鋒鏑而忍心亦甚若遭此何以處之先生曰既無先盜之智又無化盜之仁存姪棄子亦其自取之乎又曰攸又仕于劉聰聰若害攸吾恐并姪與妻亦棄之矣

涇野子內篇卷之六

涇野子内篇卷之七

門人潁川魏廷萱校正

栁灣精舍語第十一　門人休寧胡大器録

嘉靖辛卯夏胡大器初謁先生於栁灣精舍問書冊浩繁可常讀者安在先生曰當先精通其大者但看書必要體貼見之於行可若只爲博覽記誦安能不患其浩繁耶

大器問行先生曰禹無間然只在菲飲食回稱爲賢只在簞瓢陋巷不改樂處今學者只去其一切外慕無所繫累方爲實學只今夜之言果能行之以之立身而以之爲政而善無往不可若傳不習雖講一年也不濟事且力行甚難苟

非操存爲之不已則心機又由熟路走了須努力過此關

問今之講道學者先生曰雖則幽深玄遠但我有捷徑法只做得不耻惡衣惡食便是道學

諸友有厭坐監之久者先生曰昔弘治間與馬谿田四五友在太學或共屋讀書或一寺習禮或面規其過或陰諫其善或問學于舜顔或求法于
祖宗或論世于千古冬不辭沍寒夏不憚袢暑若是者蓋四年也今諸君數月而出監猶以爲久乎

先生常謂大器曰看書先要將己心與日用常行比合其六
見自別

先生聞叢秀才家被燬對人致勉曰此不必動心教他喪用功水來溺不著火來燒不着

大器問明道伊川皆大賢也初學何先先生曰當學伊川嚴毅方正爲是若學明道和粹而工夫不至孰實見無崩日日徃來不絶忽不知歲月之將至然學熟後便是明道也

問古廉頗相如皆能公爾忘私乎先生嘆曰後之爲臣者旣得柄了將天下公事皆要出自己意幹去通負朝廷求治之意還是不曾學不然錯看論語也故雖廉藺亦不如

或問蕭何孔明孰優先生曰何優於明或人疑之曰盡信書不如無書蕭何從本上做起養民致賢孔明用心于末作木牛流馬八陣圖閒用許多智巧未聞興魏一賢人來此以人事言也然當時事勢貴戚宦寺殺人過多喪了士氣人心不復思漢孔明亦難如之何

或患義理難明曰凡人義理不明只是外物牽制去牽制處義理便明矣

先生因學者往教曰昔蘭州有守墩軍姓周名蕙字廷芳初讀大學有不知的字講問於秀才其後將中庸語孟及五經盡讀之有得於心遂以程朱自任有鎮守恭順侯吳

其請他教學周辭曰若使我守墩就去決不去往教其侯
亦不能強遂親送二子於其家以受教又有鄭安鄭寧二
樂人進啓本願除樂籍從周先生讀書其感發人至於此
先生謂大器爲學隆師取友變化氣質爲本渭南有薛敬
之從周先生遊常鷄鳴而起候門開灑掃設坐及至則跪
以請教後歲貢過陜州聞陳秀才雲逵忠信狷介凡事皆
持敬遂拜訪其家問曰何以得此門戶陳曰我常事父母
有忿叡一日讀子夏色難章自悟即改其行薛嘆曰此吾
良友也遂定交而去
問孟程言性如何曰孟子言性如水之就下程子言性猶

水也亦有濁者不如孟子言的實
或問爲學之法曰如禪家度人説過谿澗入虎狼口過得
此關方好蓋私欲陷人殺人如谿澗如虎口也過此便是
天理坦途矣
先生嘆人只舉業上用功不知言行於人關繫甚大果到
口無擇言身無擇行此眞舉業也
先生謂大器曰藥中要用桑白皮須得老實人去取不致
殺人必若有如伊川家人方可正如鮮州賑濟上司必用鮮
梁書院舍人給散雖不能必其何如終比他州均平能濟
衆有益也

先生有感謂光祖大器曰學被功利之徒陵夷久矣汝二人當翻然改舊習學聖門顔曾思孟晝夜參前倚衡如羹見堯如墻見舜甚無爲俗所移因問君子儒曰在志道據德依仁小人儒不過藝而已

問作詩體如何曰詩有幾般様有事物無道義是晉唐詩有道義無事物是宋人詩事物與道義並用吾儒之詩

大器問詩可學乎先生曰聖人可學況詩乎但不可溺耳

有客談爲臣者多好復私讐何故先生曰只是未學大臣當以事爲天下事當以言爲天下言又先要正君心爲本昝周公徧草萊求賢如不及安得有讐可復雖漢唐之世

亦有能用讐人者

先生嘆曰經書是平天下粱肉未有舍經而能致治者後世徧用法律是失開設學校之初意也

先生聞學者往來權貴門下乃曰人但伺候權倖之門便是喪其所守是以教人自甘貧做工立定根脚自不移

先生謂大器曰汝朴學雖好又要激昂向上不然則徒朴學雖不失於善人亦不能升堂觀奧

問今之學者開口專論致知是行如何却似宋儒各立門戶者乎先生曰聖門教人大以成大小以成小如季路習得一信冉求做得一藝今人未得斐然成章便將高遠處

做口頭語也

先生因人專務于高談曰在陝有一秀才不肯讀書每日高大議論則誨之曰可讀五經對曰此是記誦之學也曰不然心存方能記得與聖賢通不然讀經如喫木楂同樣渠亦曰五經須常放在面前每年溫誦一遍况學者乎

問患交接人先生曰須要寬綽些不可拘拘守秀才規矩見大人君子進退升降然諾語默皆是學

問五經四書熟後再看何書先生曰行後方能熟雖不治他書可也

問作文先生曰須要思想思想通時如水渠通開流到處

都是道理不思想雖眼前事見不得凡文字躬行中來方
有味

問接人妨功曰好人多接幾箇何妨因他之有餘知己之
不足無往而非學若無朋無友非惟無益而損接此等人
便妨功

問如書經金縢顧命不必讀否曰讀經揀擇便是利心

問讀書玩物喪志如何先生曰此程子有爲而言恐人口
頭應荅苟以心思之以身體之何有玩物喪志但恐讀之
不熟不精耳

先生講罷謂諸生曰某之言論不可以爲是必合之于心

與理安方爲是

問惡與人講論曰學不講不明非是自矜將驗己之是非若含蓄不露也不是學孟子亦以不言爲餂人

問動心如何制得住曰人之動心一日或有一二至到渾然無欲處方無了須於動處一刀斬截歸天理乃定也

或質陽明致良知先生曰陽明凡百事皆習過了老來静坐學者來問亦以此告人或自在了然孔子不是這般學好古敏求發憤忘食終夜不寢問禮問官之類未嘗少懈況下聖人者乎學者當日夜勤力不息猶恐知之不真得之或忘

問處世甚難曰處家處人當使仁讓有餘自處宜淡薄無處不好

藍峯東所語第十二

門人休寧胡大器録

大器問周南召南之詩先生曰詩教所係甚大蓋周南召南皆言婦人之事而君子之道造端乎夫婦所見不從此出則荒唐一物無所見所行不從此出則窒礙一步不可行道不行于妻子則父母不能順學者識得認取無往不可故子謂伯魚云云

問齊家先生曰家極難齊齊則天下易治婦人家他不識書學任一己之私若順得來於理有礙順不得來他便怨

恨此堯以二女試舜唐太宗雖是英明之君亦止外面做將去此所以爲伯

問子見南子先生曰沈晦問君彦明今有南子可見乎尹曰不可曰子學孔子者也如何不見曰若某學未到磨不磷涅不緇處故不敢見沈曰破我數十年積疑尹曰某恐出門後又疑了此可見尹之自得處凡學聖人如尹彦明方切實

陶杏壇談禪學先生曰禪只是周一身之用不能運用天下學他無益孔子曰夫我則不暇又問樂盜曰盜賊以法制他他又生一法法有窮只是使民衣食足便是正法又

要在上去貪官汚吏則正法方得行孔子曰苟子之不欲雖賞之不竊問盜賊難使得化曰若在上有處自來就服因說近山先生在九江府被賊擄去神色不變賊又擄回此雖遭賊鋒刃待之以誠猶能如此況平日處之有道賊有不化者乎

問知人甚難曰然如趙清獻公與周茂叔同處不相知及再見方知茂叔也務實者不可以一言一事知他

克諧曰無事時心清有事時心却不清先生曰此是心作主不定故厭事也如事不得已亦當要理會其中舉時亦是如此後來雖事紛至亦不厭

王光祖執唐史約藁看先生嘆曰唐太宗萬世英明之君作詩文皆有巧思及納巢刺王妃蹀血禁門言不顧行巧處通不見了大器曰畢竟爲聰明所使先生曰憲天聰明似不如是

問患功夫間斷曰出手入眼處皆是功夫焉得間斷

問儀禮周禮曰此周公傳心之要孔子作春秋本二禮而作

先生曰陳白沙徵到京吏部尚書問曰貴省官如何曰與天下省官同請對坐即坐無辭此儘朴實有所養羅一峯訪康齋見起　御聘牌坊乃謂其子云不必有此牌坊不

見康齋而退此羅公高處康齋孔門之原憲也而又有此乎

昔者君彥明在僧房中一年未曾妄轉動雖置扇亦有定處僧甚嘆服學者當學此方可

先生曰人心要廣大如天之無不覆如地之無不載可大器曰心大則萬物皆通曰然某又常言謙處則寬綽而有餘矜夸則狹迫而不足

或問靜坐心虛明固好及事來不免昏惰放逸如何先生曰還是靜時未虛明也

伊川舟將覆無怖色人或問之曰心存誠敬爾同舟一人合

不若誠敬都忘卻好先生曰此意見皆高 然不如指揮櫂人柁人使順風也

或勸王光祖習舉業光祖曰打破此關幾年矣先生曰果知其爲人非是巢父那樣的然其心必有所見矣

交友當取其直諒善當巽其語、

人家兄弟不和皆起于婦人馬谿田詩曰小惣莫聽黃鸝語踏落荊花滿院飛甚切當、

今之學者平日都能道仁義氣節及遇小小利害便改移了何以爲學由是知高談者之無益也、

先生講及各衙門制度精密大小相維嘆曰我

太祖眞聖人也非漢唐宋諸君所及凡事皆彼此頡頏互
相貫穿故其法久而不壞只在人善守耳
先生曰陳曰旦卒于大學戲了章詔感寒天氣不憚往來
垂涕泣親爲買棺收斂一見陳卒于賢者之手一見章爲
朋友之忠
孟子不及孔子處還是學少有不同孔子祖述堯舜憲章
文武上律天時下襲水土這般樣學便與天地同流孟子
養浩然之氣才能來塞得天地耳
先生曰昔者聞有一僉事来見王蘁菴公云西來一件爲
黄河二件為華山三件爲見先生王公云若做官不好縱

見此三者亦不濟事這般高亦不受人謗

朋友相處不可先有疑心橫于中若不相信還是積誠未到處未有誠而不動者也

陶淵明嚴子陵儘高尚其事但淵明不及子陵不免借盃中物自遣若顏子連貧亦樂而忘之不形于言也

學聖人要先讀論語讀論語莫先講仁仁至大而切學道者不學此則終身路差無所成

曾子有弘毅之學然後做得易簀之事雖顏子三月不違仁亦可並也

顏子能聽聖人之教如墾熟田土受時雨故語之而不惰

學者只至於不惰甚難今學者但聞說及道便思睡了緣
無領受之地耳只是一片磽确生田地雖有雨亦流轉去
不停矣

先生謂大器曰章詔有孝行有學識汝當取法若於臨事
危難處觀之尤可見

漢儒以反經合道爲權遂是因經行不得只得用權非反
經而何漢去古未遠看書甚好今不可便謂之非也如舜
不告而娶正是反經合道處

先生曰昔陜城有二士隆冬甚寒過渭河來聽易足凍破
亦不知大器曰此與立雪意亦同有志之人這般刻苦爲

學愧不能及耳

先生謂大器曰聖門弟子三千聰明才辨不爲不多惟回也愚參也魯及其用功甚篤回則四勿參則三省乃卒能傳其道汝今且究愚魯處是怎麽樣子

堯舜之道孝弟而已矣只在行步疾徐間如孔子登東山而小魯登泰山而小天下亦自卑邇始

思無邪功夫於學者極省力須老實下手做可纔起念慮便加省察毋得使如野馬馳逐向曲徑旁路走也

先生謂學者至門有一友請中庸大旨先生發曰中庸之理廣大精微非且行間便可講也汝果欲求之此出門間

亦可見中庸

大器問僕僮多難使不免暴怒先生曰昔張思叔詈僕伊川曰何不動心忍性即此是學且怒僕僮爲甚麽耶

今之遊山水者與山水全不相干只資觀玩耳惟仁智者而後有此相契氣味

朋友不要厭他來往無往而非學見讀易詩書的朋友就講求易詩書見讀春秋禮記朋友就講求春秋禮記見能知當時典故的朋友就講求當時典故得之于心而見之于行朋友自不厭學何厭往來

先生謂諸生曰顏子當時未嘗廢誑話做不遷怒不二過

之學是以人到於今稱之三年取一番進士舉人有當日
而選者有未用而選者有既用而遺臭者何足貴雖公卿
三年間去若干今皆何在汝輩要激昂近思
諸生請先生遊高座寺先生笑曰此豈是道理去高座寺
作甚江南朋友多以安閑放逸習成氣象去年雖與吏部
諸僚曾遊幾處皆有記語多戒此事今之相聚當以勤儉
相講終日乾乾夕惕若猶爲不足豈可放心盃酒山水間
耶
先生曰爲學只怕優游大器曰此一回得一二友相講
他們聞之甚喜不倦先生曰天下有資質的多但未得良

師友皆誤了。蓋義理之在人心，特無人感觸之耳。一感觸便勃然興之矣。故伊尹思以先覺覺天下也。

大器問動靜不失其時。曰：正是仕止久速各當其可。汝今且只於語默作止處驗也。

鼓之舞之之謂神，或風或雨，不可測度，而百物自生。如使民日遷善不知誰爲之者，是聖人以神道設教也。吾儒當法天學聖，則廣大配天地，方能鼓舞萬民。

漢高祖識周勃可以安劉，知其器識重厚，動靜光明耳。如程子曰：我死而不失其正者，惟君民子乎？故人之器宇可見道

有一秀才問學先生曰不知爾心下所欲在何處對曰平生務區區舉業科目耳曰科目大着東非小事有千萬年科目有數千年科目有數百年科目有數十年科目如何曰千萬年科目如顔閔德行科數千年科目如程朱數百年科目如薛文清羅一峯數十年科目做一官便了事也曰當今學者之所習主司之所取不同奈何曰天下廣遠一科場中也有幾個好主司也有幾個好秀才果有如孟子程子者應試決不遺了他其文章果說人倫物理精密透徹即謂之善言德行豈害科目也

江西有五人來見先生謂之曰若等爲實學動靜當以禮

一人對曰：是橫渠以禮教人也。先生曰：不特張子也，曾子亦然。雖孔子克己復禮，爲國以禮，亦何嘗外是。

先生曰：教汝輩學禮，猶堤坊之于水。若人無禮以堤坊其身，則滿腔一團私意縱橫四出矣。

先生曰：觀諸生用心而不在言語者甚好，然只要熟。獨寢如此，獨餐如此，獨行如此，正如丘之禱久矣，與日月同明。孔子曰：居處恭，執事敬，與人忠。若看着實實做，雖夷狄可行。

先生謂諸生曰：先王之禮不行久矣，一旦行之，觀者駭異，須賴知書者一講求。如孔子習禮於大樹下，雖叔孫通亦綿蕝習禮，此皆是博學於文，必下融會斟酌，是約之以禮

先生曰君子之道造端乎夫婦嘗作絶句云說到二南墻面處何人知向造端尋其要只在正己

成之子吉初見問有妄思奈何先生曰心若妄思還是不知止知止而後有定定而後能靜不到止至善也不笄然工夫一時難做要自一心之微至天下之事無不體驗則柄欄在內又須虛心親賢取友友在五倫中所係甚重然不慎擇若燕朋逆其師燕友廢其學如水之流趨下最引人去也

先生曰國初都用老臣且久是以天下治如張紘黃福是聖門之徒與西漢大人物不相讓一味躬行張字明秀號鶡

菴陝西富平人布政雲南二十年爲吏部尚書
文廟繼統在吏部後堂七日不食飲水死節黃字如錫山東東
昌人撫綏交趾二十年於今未有久任如此者
葉監生問讀書多忘卻先生曰還是未體貼程子云古之
經典今之人事也若禮經最切於日用若易詩書亦是人
事故學記曰善學者師逸而功倍又從而庸之蓋其能躰
行也
先生曰如管寧孝才容孔明皆聖門之徒也管寧終身戴一
破帽信貫金石足以漢儒多氣節故常謂諸生當自甘貧
做

威問讀易爲舉業累不大省得倒讀别經者好看先生曰所以學要脫去舊習方能有新得不然眞若楚而學齊語也

黄惟用問白沙在山中十年作何事先生曰用功不必山林市朝也做得昔終南僧用功三十年儘禪定了有僧曰汝習靜久矣同去長安柳街一行及到見了妖麗之物粉白黛綠心遂動了一旦廢了前三十年工夫可見亦要於繁華波蕩中學故於動處用功佛家謂之消磨吾儒謂之克治

大器問敦夫云彦明某所願見思叔莫大不消見否見得不

能尊賢取友也先生曰不然只是私心是面譽君氏尹氏何等心胸豈能勤得他程子當時開示他教他見友正以友親可以盡言相觀為善

先生曰某平日文章輕易作了堯夫以墓誌屬明道明道許之太中公伊川皆不許蓋以與堯夫學不同耳一旦明道步庭中明月見得堯夫之學與此景象相同嘆堯夫可謂安且成矣以告太中伊川始許之作

先生因門人拜人不稟而行曰吾人今日只以言詞相論把行[illegible]卻在後若管行去不免差錯如樂正子從子敖餔啜[illegible]不明孟子亦責之

先生曰今日占卦雖爲行冠禮而設得風雷益見善則遷有過則改於諸君講學事亦相應甚好夫今衣服飲食宮室諸費省儉些其祭器可儉些若能常一習之當不令諸生耗財也

胡郎中論學急迫則不自得若寬緩又優游先生曰先儒譬文武火盡矣先須要終夜不寢終日不食有這心腸推却雜念義理上手了然後可從容大器問與勿忘勿助一般曰也是但不知怎能使勿忘勿助耳

衣服飲食皆要見道理在故無時非禮則非僻之心無自而入大器問禮可以義起曰固是要合人心謝汝中曰禮

可以義起東郭子荅之甚好曰協諸義而協則可不協諸義而協亦可乎

大器問太平公主胡致堂云不當誅如何先生曰此秀才說話也當時宰相七人五人出其門用事而又如何不誅且周公尚誅管蔡又問牛李維州之議曰李言取之爲是牛守信爲非

涇野子語錄卷之七終

涇野子語録卷之八

鷲峯東所語第十三　門人休寧胡大器録

希古問許魯齋仕元如何先生曰生於其地不得不仕仕元欲用夏變夷規模亦大着惟吾縣楊元甫不仕于元魯齋嘗見其據禮謂門人曰曠古隆典失夫能舉之其功可當贊修今紀元朝作曆遣太子致書安車徵聘如四皓故事曆成就退此意甚好魯齋死後分付不要請謚當是其志或未能盡行心亦有不安處所以獨重乎楊也

薛仲常問文中子如何人先生曰古之人歟當在游夏之閒又問擬經何如曰一代有一代之禮一代有一代之詩

依三代類編亦以見風俗之薄也易曰擬之而後言議之而後動如中說中有多少好格言其模倣論語處乃門人姚義擬入的舊在解州有王克孝者批點刪定一本頗好仲常若見之當破其疑矣

陳世瞻問堯舜氣象先生曰若求這氣象不在高遠便就汝適間一言一行上處求之則滿目皆此氣象如程子云會得時活潑潑地打那裡做起必參前倚衡則仁道全體在此堯舜氣象在此世瞻曰在生一二分不敢望大器曰若一二分不敢望便一二毫不能到世瞻曰惟老先生常有此光景曰常有此光景也難但或早起夜睡或身之所為

或言之所發點檢不敢放過有差失處則不憚改若擴然
太公物來順應則某豈敢願思慎亦常從我這等行可
先生謂大器曰尔好將論語說仁處類成一書時常推求
是為學大關鍵某嘗歷舉為仁之說以對先生曰若這等
知是借別人身上的來說不曾反諸身做也孔子曰我欲
仁斯仁至矣
應德問觀喜怒哀樂未發之前氣象如何觀先生曰只是
虛靜之時觀字屬知屬動只是心上覺得然其前只好做
戒慎恐懼工夫就可觀也
唐音問學只是存天理先生曰不知如何存也存天理亦

有幾樣德問如何曰如彼此相對時說好話固是天理若心下又想別箇道理亦是天理又如在官盡官事是天理又却想家中事亦是天理惟不能致一連所說所盡天理皆壞矣如此亦謂之存天理乎

先生謂希古曰汝讀禮可將古之典禮與今之典禮比合孔子學三代禮而曰惟從周即是博文約禮意雍德曰如此看禮省了多少力也

唐音問無事時如何主敬先生曰孟子說得好必有事焉而勿正勿忘安得有無事時

唐音問師曠孟子取其善審音及其待鼓鍾平公於子卿

飲酒何足爲審音先生曰師曠只省得聲音高下節奏桂賁之諫處及得審音之實者也使師曠尚無乎此不止爲樂師矣

有一官言二十余年仕路淹滯者先生曰前半截也不要管他後半截也不要管他只做今日的官其人深然之且稱其言於他人先生以爲能深相信也

希古問門人葬孔子用三代之禮豈孔子本心先生曰然孔子曰縱不得大葬寧死于道路乎但門人尊孔子難以孔子本心論也辟如周之追王大王王季一般在亶父季歷則無此心在文王武王則有此禮

大器問伏生九十餘猶口誦尚書以傳其女子乎先生曰挾書之禁未盡除也這等人亦是賢者地位了漢時不但儒者好學就是文帝遣鼂錯詣伏生之家口受尚書後世亦未之見也

陳世瞻問水之潮汐先生曰不過天地間陰陽升降耳即是通乎晝夜之道而知猶人之語默夢覺也又問四海九州之外是甚麽先生曰未知六合之內焉知六合之外莊子亦說得好曰六合之外聖人存而不論六合之內聖人議而不辨莊周且爲此言世瞻問海運先生曰求諸海運亦末矣又曰事勢不得已如何曰吾人求免乎此而已汝

不問人運乃問海運

陳世贍問元世祖恐不當祀乎先生曰如何不可祀也有百年天下其始雖或取天下雖非湯武然亦有爲天地立心爲生民立命處這箇血脉亦與堯舜之心相通但其道未廣大純粹耳

先生謂諸生曰信乎天理在人心唐太宗釋重囚僅近仁陳世贍曰刑罰施於小人信義施於君子先生曰若這事亦可見信義可施於小人世贍問先儒說縱囚知其必來因來豈其必釋如何曰此過論也先儒史斷多有錯說若身處其地又不知怎麽的論事只求通物理則可索過差

則不可

先生嘆曰今人讀經書徒用以取科舉不肯用以治身即如讀醫書當且用以治身今讀經書反不若也

南昌裘汝中問聞見之知非德性之知先生曰大舜聞一善言見一善行沛然莫之能禦豈不是聞見豈不是德性然則張子何以言不梏於見聞曰吾之知固本是良的然被私欲迷蔽了必賴見聞開拓師友夾持而後可雖生知如伏羲亦必仰觀俯察汝中曰多聞擇善而從之多見而識之乃是知之次也是以聖人將德性之知不肯自居止謙為第二等工夫曰聖人且做第二等工夫吾輩工夫當

做第二等的也罷殊不知德性與聞見相通元無許多等第也

隶汝中說事到面前不能之應還不是一貫先生曰一貫先要逐事磨煉如十事中雖不能一一做過也要盡得數件方可類推此非小事曾子不知苦過多少事孔子後方與他說一貫今無孔子之質又無曾子之學遽要一貫豈非妄想

一日有太學生二人來謁其一人㞐上古無書六經是聖人寫的行事粗迹可見萬事只是一箇心先生曰可知道是一箇心但人要自察要講論要虛心平氣義理自見

不可先橫一說於中是以陸子與朱子辨論個顯發亦縱說得是了其道已忘是時先生正飯未了請字加飯對曰諾然一生又放下箸矣先生發曰禮曰主人未辯客不虛口今怎生不要聞見怎生不要六經

仲常問賈誼獻策未必不是先生曰但賈誼不如文帝文帝先要生養安息故爲政只是養民爲先誼曰是以孟子先井田曰然這便與我們爲學一般孔子曰繪事後素子夏曰禮後乎爲政之先井田猶爲學之先忠信也

石希孟問人於父母生無以爲養死無以爲葬何以處之先生曰古之人有行之者江革行傭以供母董永賣身以葬

蕘父未爲無養無辭也
希孟又問楊子雲之言亦好否先生曰但言不顧行希孟問程子曰楊子才短其過少先生曰楊子仕王莽一身渾是過
石希孟曰宰予問仁憂陷害又短喪又晝寢聖人也有這樣弟子先生曰此是宰予誠心直道處這是聖門高第屢宋諸儒多有掩護不暇者心中多少委曲不肯便道只揀好的講故論人須觀其所由庶不差
張其怡問邵子數學何故程子不取先生曰程子以爲凡事推數都要趨吉避凶則人不肯盡人事孟子曰夭壽不

不二脩身以後之故不取也
先生語大器曰今日方講述而章貴生却執衛靈章來問
堅志一至於此他們皆發他不見汝發容就此磨煉處處
到了便是致曲人多忽略過也大器曰昔龜山作課簿記
日用言動視聽是禮與非禮者如何先生曰孔子且云下
學而上達古人作人未嘗不自淺近中來昔漢成帝后趙
氏善容儀有班婕妤者帝召升車婕妤曰豈敢有玷于帝
車趙氏一日行步失儀諸妃皆笑惟班婕妤斂容不笑若
闓端知帝見之喜曰人之脩德者其苦心如此
閩宋時賢人輩出多有方所先生曰一地方怎能得如周

子湖廣人二程洛陽人張子陝西人朱子新安人四五百年生得數人而已孔子曰才難不其然乎然今不可爲地方限量當以聖賢爲必可至

許象先問樂在其中與不改其樂樂字有深淺否先生曰汝不要管他淺深今日只求自家一箇樂耳大器曰然求之有道乎先生曰各人揀自己所累處一切盡除去則自然心廣體胖然所謂累處者不必皆是聲色貨利粗惡的只於寫字做詩凡嗜好一邊皆是程子曰書札於儒者事最近然一向好着亦自喪志可見

問孔子五十學易如何學先生曰此知天命時他人學易

多在象占上孔子仕止久速各當其可在象占外學
十月十七夜先生召大器進見賜茶大器出席周旋取茶
因謂曰汝回奉親敬長便只是這周旋取茶道理無別處
求也
章詔陳昌積同大器雪夜侍坐先生曰聖人之學只是一
箇仁顏子是聖門高弟三月外又違了仁汝三人試今夜
將仁一體看明日進見詔曰只在克己將難克處克將去
昌積曰擴然大公物來順應大器曰己欲立而立人己欲
達而達人先生曰却不然宣之體仁却在樂上每見其多
憂只是擺脫不開須要心胸寬廣有洒樂氣象可[illegible]體

仁却在守之以謙持之以敬儒道體仁却存多識前言往
行以畜其德諸生曰先生對病發仁敢不佩服
何克明問令之守令未久轉遷是以百姓多困先生曰然
但貪汚守令一日在位民便受一日之害在位三年民便
受三年之害其要只在得人
戴光問易卜筮何如先生曰易專言正心脩身齊家治國
道理後世以吉凶禍福言便小看了易易變易以從道也
先生問黄沐與葛子東可數相見否曰聞子東往庄上
讀書先生曰知所奮勵便可進學平日只被名頭牽倒後
來聞巡撫召見數次不出儘是高處顔子在陋巷當時豈

無貫顯未曾見一到其門孔子不枉見諸侯子東若立得脚定當見有進也

戴光問袁惠與周程張朱如何先生曰袁惠還是聖人數子却因孔孟之道擴充去問孟子奚曰隘與不恭君子不由也曰推其極而言耳問既是聖人又降志辱身何也曰此正是聖之和者近乎涅不緇磨不磷處

戴光問漢儒太穿鑿曰不然其來歷還是孔孟遺意後來周程張朱非此不能訓詁至於義理自家主斷漢儒間有一二處穿鑿又門人相傳失眞如我與諸生講論言語三四人錄下中間也有寫得是的也有寫得想象的也有寫

得差錯的便有上向下深淺是以相傳愈廣失眞愈多學者
貴乎得心爲難語錄次之
先生曰易之意蘊在言外看可得旅射雉一矢亡蓋矢比
利欲雉比明德如去利欲便得明德者只在象上拘溺就
看不去了
戴光問文帝殺薄昭如何先生曰薄昭是母之弟若殺之
却大忍了諸生試議之大器對曰法不可不殺情實可矜
莫若流竄之如何先生點頭曰此議甚好殺漢使者未必
薄昭手刃其左右必有先舉者當收誅之但安置昭於遠
地庶幾國法不失母心亦可慰仁之盡義之至也

先生謂大器曰昨問任泰云王克孝在家造小書屋中祀孔子擇從祀如顏子數人自讀書不輟又教族中子弟數人某聞之直喜而不寐

大器問文中子説內不失貞外不殊俗此深有見先生曰此文中子力行之言人若不先實學徒立標的四方八面亂箭交射無躲避處故古之成材也實今之成材也僞而已

仲常子慮問發憤忘食先生嘆曰不可作題目看過聖人實實做去一日間不過憤樂耳理未得也發憤忘食則終日不食終夜不寢及其既得也樂以忘憂則蔬食飲水曲

肱而枕之樂亦在其中矣學者須求聖人憤樂始得但今人一日亦有箇憤樂不知憤甚麽樂甚的聖人只是工夫不間吾人雖知憤樂了又或是工夫間斷是以數百年常無聖人也

陳子發問文帝不及賈生先生曰文帝優於賈生閭閻厭粱肉阡陌之馬成群可然後改正朔易服色未遲也諸生今廷試都依這樣發揮于策上方見實用處

二月一日先生來寺中有一生曰生雖讀書性却好忘旨非是性好忘還是心好忘吾人形體是血肉與理扞格不相入須要操存此心動靜語默通貼繫得來則讀一句得

一句用譬如一屋鎖鑰關住了然後所得東東西西不得出去孟子亦只是勿忘耳若能於日夜間思量何處與聖賢同何處不同自然終日不食終夜不寢又曰自幼易誦易忘曰誦時勿作容易看作做難的用工便好譬諸行事如水歸海火鑠金然孟子居安資深左右逢原也是這箇學

江西有一星士見先生問鬼神有無先生曰若無卻元有鬼神二字士曰某處實有鬼火曰容是眼花對曰此親見之曰還其人所存不正若正人君子所行與鬼神通孔子曰丘之禱久矣又焉見鬼火邪又問文官幾代科第武官幾代封侯或脩行中來或神仙中來先生曰不然這樣人

是間氣偶然所鍾又存心有大小立功有厚薄如魏國公
與國咸休蓋莫之致而至莫之為而為這等命却非星士
所能算若可算又非星士也
先生過寺胡賦抄完王光祖所選文中子是先生看到中
間知公好古物鍾鼎什物琺瑯錢貝皆具了聞之曰古之
好古者聚道後之好古者聚財因謂太器曰古物甚勿好
不但喪志且作孽昔有清明洛水圖宋朝學士裱有太監
用八百金買去此太監貧乏他人用四百金又買去送一
天官討美官做將 朝廷爵祿買古畫是死有餘辜後
朝廷又抄去今又入某人手矣正是舊時王謝堂前燕飛

大尋常百姓家

一生問釋氏打透聲色關如何先生曰如何打透得賢賢易色吾未見好德如好色這樣言語使學者從古聖賢自男女飲食做工起吾儒作用與釋氏全不同竟釋氏之學草木而後可者也

葉子大看先生文嘆曰躬行之言自使人感發着他人文非是不好但不能感發某甚先生曰某不能文但修辭立其誠為學便欲以義開士之心為政便欲以利濟人之身有這點心平日甚激切是以人來問文者以是答之耳

有一名公曰近日對某講學者甚少惟某人稱先生笑曰

程子說韓持國曰公當求人倒教人來求公邪若為道
講須下人去講不然有道者他肯來尋公講邪又曰某尸
位未嘗建得事業先生曰不然賢人君子在世不必拘拘
如何是建功創業但一言一動皆根道理在位則寮屬取
法在下則軍民畏服又使天下之人知某處有某公在亦
然有急可恃有何不可其人曰若是不可不慎矣

顧東橋論人不務農地多荒了且上新河圩岸斷廢不修
先生曰天下勢而已矣如北方田土出幾多征求是以人
多逃走田多荒了若新河一間門面便得一二十金耕田
得利幾何必將逐末者少抑之人方肯去務農又如夏建

官惟百周便三百六十於今豈止千萬下至吏卒皆食民之力者也不可無斟酌損益

程惟時問東橋論今天下徒尚繁文如朝覲一事天下州縣各出一項錢糧上京若將州縣皆附之府如古之附庸有何不可先生曰此是大礼如何可廢知過用錢糧謂之獘政只可革去不可因噎而廢食且三年一朝四海九州皆梯山航海咸知尊君親上之禮不然山州草縣過三年又過三年久則人民不知有一統氣象矣此亦愛禮存羊之意也

先生謂大器曰人曾用功過的見他人動靜語默或得或

矣一見便識得破若宰相如何不知人其或有不知處則未之學耳

先生曰陳棟塘今日來會某某與言致曲功夫棟塘問與擴充慎獨一般否曰也是孟子曰可與言而不言是以不言餂之也云云這細微曲折處他人不知而已獨知之非慎獨而何棟塘曰近石廳伯寄書云若每在事爲上做工夫便支離了某不以爲然曰孔子曰執事敬孟子曰必有事焉將孔孟非歟

張其俗問昨看伊川獻策不無疑焉先生曰此賢者仁心激切處不避嫌疑如爲時事獻一策其言行使民得福不

能行也罷譬如今人與同府同縣的人能推愛再推一步便不能乃已私遮隔了聖門之教只是一箇仁惟顏子能克己復禮方許三月不違仁如西銘言仁言天下之長皆吾之長天下之幼皆吾之幼是以古今聖賢欲並生哉上書之志亦大着裏

涇野子語録卷之八終

涇野子語録卷之九

鷲峯東所語第十四

胡大器問漢書多雜霸先生曰如汲黯董仲舒等管寧諸子傳先取作一編時常便覧以作志氣不爲文章計亦自不難

方秀才拜先生祭茶先生曰茶不必祭祭酒則可酒尊者祭過亦不消且禮者宜也父子不同席若父喜命坐則坐亦不可拘泥

問存神曰如舜選于衆舉臯陶不仁者遠便是神何也蓋舜所存特舉一臯陶耳而不仁者便遠此處不可測度這

般神非舜至明不能知非舜至公不能行彭曰鼓舞之謂神舜提起一箇皋陶便是鼓舞之具千百年之遠千萬人之衆皆沒他這箇手段非神而何

問反身而誠之樂曰萬物皆備于我反身有欠闕處心自不安怎生得樂如今只行一事接一人稍有一不足雖毫也不寧必反求諸身物物各得其所內省不疚何樂如之這樣工夫非一蹴可到誠能如上做將去久可到此地位離夫子樂在其中顏子不改其樂亦將反身而誠始得

先生謂大器曰汝與曹汪二生同飲食舉盂匙匕亦須不忘道理君子無終食之間違仁正謂此

江陰一人說劉大君欽明敏先生曰劉君某所取士也作書經意甚好其意他日必能恤民是以取之作守令要其政悶悶若不專在明敏若重厚安閑而民不擾自好

一生以正學名語錄來呈先生曰不可他人見之汝學正我學固不正邪張子作砭愚訂頑伊川曰是起爭端改爲東銘西銘遂與改鰲峯東所語錄云

大器問不務科目如何曰言辭如孟子德行如閔子就無科目亦何妨自有無窮之樂

中秋夜侍飲畢大器行堦下先生仰視曰好箇明月昔日有絕句云江城此夜月初圓照透窗紗人未眠好約東鄰

同玩賞四無雲霧青天後人求草書者常書此以答
先生因諸生失答者曰居處恭性命就在中間朝曰宋獻
可來該與說道理忘却酷暑先生曰收斂身心之功如此
鄭若曾問人莫不飲食鮮能知味者何先生曰飲食知
味處便是道人各且思之大器對不以飢渴害之曰然適
茶至鄭讓法威先生曰此便是知味處汝要易見道莫
顯於此鄭曰知此何謂知味曰威長汝遜之故也不如此
只是飲茶而已汝資質暗合分明是道如左袂長右袂短
便不是今學者寬衣大帶裝成堂堂樣子與道不相干
且聖人顧

視天之明命潚目皆是道理鳶飛魚躍活潑潑地大器問閉目便錯了何謂先生曰非禮勿視云云又問致曲心麄只是心不存否先生曰然必以集義爲事自是勿忘譬飲茶時如此不飲茶時亦勿忘此謂戒愼講着就此下手做去有着落有持循

鄭若曾問動静先生曰動静以時而言亦以事而言静字不是死的方戒愼便是動矣獨則耳聞不得目見不得又無形容可狀當屬己若人不消說了愼獨無有作好作惡無纖毫私意便是其常講致曲即是愼獨子思推原學問大根本在愼獨故致中和便能位育天地萬物原同一氣

來歷聖人自有中和學者必先慎獨而後有此
問費隱分體用否先生曰此體用分不得指門腔是體爲人出入是用灯能照滿室是用光是體此極言君子之道大也先舉衆人與天地聖人而言後又舉盈天地間飛潛動植而言皆是道也自何處做起造端乎夫婦耳能乎此便與天地萬物爲參伍
問誠之不可揜如此夫曰此如孔子曰丘之禱久矣一般孝弟之至通乎神明故實理得于心發言中節周旋中禮可以質鬼神可以並日月可以格祖考夫何故己心元與鬼神日月祖考一氣也

大器曰諸生聽講後皆鼓舞喜其有得先生曰省得就此下手着力做去進退不已日入于高明勿但喜其有得而又失也

學者欲觀天文先生曰何必然當切問近思曾見尹和靖詩云能言未是難行得始爲難須是真男子方能無愧顔與某意正合只要力行若尹子又何嘗講天文耶雖然古亦有觀天文者矣知伏羲仰觀象于天必近取諸身如此觀天文却不妨先生看爲尹先生草疏嘆曰一箇布衣如此只是積誠所至大器曰尹先生讀參也魯叉手起曰其也得魯字力曰尹氏之於程門猶曾門之得曾氏也故學

者雖魯不妨只要立志耳

先生謂大器曰彦明語錄皆是行事之實上蔡論天地論鬼神雖精亦頗遠惟中間說惺惺法別後去一矜字甚好與尹氏似也看前人言語亦要揀擇

問堯舜於變風動曰堯舜一心只是愛民自家茅茨土階捐珠抵璧禁作淫器故堯舜之世錦綉玉帛無所用是以於變時雍四方風動可愛吾人安得見唐虞這箇美風俗天下之大不可見且須使一家風俗之美當自家一身做起只要自處得淡薄些長老處厚些兄弟處厚些積誠久自感化

何叔防問南北士習不同先生曰勿論南北南方如濂溪南軒延平晦菴諸賢輩出當時有僞學之禁朱子在朝只四十七日周子終於小官天下風俗至此豈可論南北耶

城又問今學者亦多惡人講學先生笑曰汝亦爲人所惡乎足見汝學問進處是拔乎流俗矣不然則一箇身心不知安泊何處孔子曰不如鄉人之善者好之其不善者惡之大器又問見惡於同門友何如先生曰求結金蘭之契方可爲友所惡則無所容也

問躍如卓爾相似否曰亦相似此隨時變易無私心方見的叔防曰亦難見曰不知汝有多少念頭也故難某今如

衰服爲身謀者亦忘了只當官或不能盡職恐言差恐行
差則有之故嘗畧窺見景象耳如馬伯循先生便省得某
見輒不及稷伯潛先生曰馬伯循甚可愛

鄭若曾曰做工當自不動而敬始爲第一着大器以爲意
甚好恐初學遽難先生曰若做得去甚好鄭曰慎獨不能
造聖賢是落第二着了先生曰此却迂闊陷于高論矣

先生曰夫乾確然示人易矣夫坤隤然示人簡矣張子曰
糟粕煨燼無非教孔子曰吾無行而不與二三子是丘也
皆是一意也

問財成天地之道輔相天地之宜先生曰只是因時制宜

耳如元朝以貪官汚吏而亂我
太祖遇劉伯温徐達輩誅殺貪汚以致治如漢高時兵遺
干戈瘡痍至文帝遇周勃便生養安息故曰地天交泰后
以財成天地輔相云
先生問諸生曰汝輩在此衣服飲食須要儉省積久後便
得其父兄懽心就是問學也又曰禹無間然三事人若做
得這三事便是大禹了大器曰自古聖賢須從這裡過觀
孟子論天降大任於是人尤可見
先生曰尹和靖文集汝看過否大器曰亦曾看過若定夫
輩後來多流於禪曰然故伊川言其死而不失其正者惟

尹彥明焉且自涪歸嘆學者多從佛學故孔子曰得見有
恒者斯可矣
先生曰樊少南甚明爽有座客曰某人劾某人某人今果
去矣某人方好了也先生曰從前面已自好也座客又辯
少南曰先生言自明白大器曰省得人說話甚難良佐曰
此來方會得先生說話在孔門惟顏子於吾言無所不悅
語之不惰故與回言終日若子貢省不得則曰夫子不言
小子何述子夏省得過方肯篤信聖人先生曰這却不可
如此比擬又問論語一書近來甚喜看曰當意外看未有
知而不好好而不樂如十九篇是言之一貫鄉黨一篇是

行之一貫即衣前後襟如也中間多少道理是以孟子學之左右逢其原

先生謂汪感曰大器在郴灣不似今自家說得話人只要好學程子曰不見意趣必不樂學若擴充去還大着遠着充塞天地之間亦在此汪感曰大器與人能因事規戒又且善道之先生曰大器能以直言規人汝能受大器之直言皆可謂庶幾乎

應德問月令甚瑣碎不可看希古說歷歷可行先生曰還應德說是只如尚書撫于五辰庶績其凝便好若十二月便難行又如劉向云某事應某事失反使人君不信

大器問功名富貴寔是一途先生曰古之功名爲天地立心爲生民立命爲萬世開太平轉乾旋坤繼往開來今之功名富貴之標的也

先生謂程爵曰功名得之不得有命爵曰儘安命只恐父母心不喜先生曰固然父母望子中舉甚切若中了爲官不好父母亦不安且父母豈不欲子爲聖爲賢其望子之心儘無窮盡矣人子却又不肯體此

呂時耀問平日曉得戒慎恐懼臨事對物畢竟引之而去者何先生曰還是工夫不熟程子曰爲氣所勝習所奪只可責志又問范文正公爲人清苦先生曰甚好襟懷做秀

才時便先天下之憂而憂若士志於道而恥惡衣惡食不
甘清苦便不可與入道莊子曰嗜欲深者天機淺識得好
問人心不公其敵安在曰勿以喜怒爲愛憎勿以同異爲
賢愚須克去己私方得長進
問人多惡聞過先生曰仲由喜聞過爲百世師湯改過不
吝周子曰人大不幸不聞過昔簡子之臣尹綽赦厥簡子
曰厥愛我諫我必不於眾人中綽也不愛我諫我必於疑
眾人中尹曰厥也愛君之過不愛君之醜也孔子曰君子
哉尹綽面訾不面譽也此可以觀聖賢之別
有一相當國其弟過陝西與對山曰某迴京與家兄說薦

舉起用對山笑曰其豈是在某人手裡取功名的人先生曰此亦可謂慷慨之士或曰但欠中道耳曰士但有此氣象在亦脫俗怎能勾便中庸也

問程子曰學者全要識時若不識時不足以言學先生曰這幾句說得純粹又問顏子隨巷自樂以有孔子在焉曰這幾句似覺爭差將顏子忘世非仁乎

大器問今有女家父將喪男之父毋即使子迎女過門又欲子完親如何先生曰禮女在途而女之父毋死則女反若女過門毋死不復反今女父毋將喪迎嫁皆非禮而況於完親乎

先生見林穎氣象從容指謂大器曰人動靜從容言語安詳不惟天理合當如此且起觀者敬愛就是學問也學者不可無此氣象但須要先有諸中耳

先生謂克諧曰近與學者論致曲凡事致其委曲纖悉合當處纔是工夫無處無之也欽夔曰誠形著明動變化與究靜安慮如何先生曰定靜安慮主在巳言動變化却及乎人物而言曰動變化其在慮之後乎先生曰然曰致曲工夫權變俱在耶先生曰未可先便說權然權亦在其中曰誠明就為盡頭曰致曲工夫就便是明誠盡頭

夔問忿懥恐懼憂患三者其情若同而好樂一焉何也先

生曰三者亦不同恐懼在事變倉卒之臨憂患在平時雖忿之起忿懥則程子所謂人情易發而難制者惟怒為甚蓋與好樂本四件也又問志怒觀理理有是非非則已矣是亦當發乎曰理當怒而不發非是也又問怒雖當發若能觀理則氣亦平而分數不至太過矣曰自然

夔問象山文集看來多與禪矣先生曰自是高明的人曰荆公祠堂記論荆公亦甚纖悉言荆公志節必為孔孟繼續必為伊周惜哉公之學足以負斯志而不足以遂斯志敝斯義而不足以究斯義也而元祐諸臣或謂變其所守或謂乖其所學是尚得為知公者哉故上不足以取信于裕

陛下不足以觧公之惑反以固其私而成其意也先生曰
做荊公文字只好論荊公得失元祐諸臣排學是非自合
於司馬君實諸公等字上見之且荊公志雖高邁節雖廉
潔然必爲孔孟則何得盖其所學實非孔子之學若荊
公無意必固我安肯必變新法至若伊周勳績又全然無
矣亂天下亡宋室則有之象山此記却偏
有一生買得唐百家詩問於克諧克諧曰不暇看也先生
曰不惟不暇看亦不必看唐詩題目多不正大且煅字煉
句夸多鬬美無益於身心一家詩已害事况百家詩乎
有一生之先人亡二十餘年矣一日来求墓志先生曰當

着墨黲淡衣服不然只是不能致曲昔將軍文子之喪既
除喪而後越人來弔主人深衣練冠待於廟垂涕洟子游
觀之曰將軍文子之子其庶幾乎亡於禮者之禮也其動
也中

張其怡問吳草廬今去了血食如何先生曰他是宋進士
又仕元朝又無建立去之亦可其怡曰生於其地不得不
仕曰此則許魯齋之也吳本生在江南其初猶未爲元所
屬

時耀問收放心在何處先生曰須於放的處去收則不遠
而復矣

大器問龜山語錄不如上蔡明白先生曰各有所得處上蔡行事處多龜山講論處多然皆不如尹子之切實

大器問尹和靖云中庸自祖述而下至無聲無臭言孔子之大鄉黨一篇自始至終言孔子之小似過於分別乎先生曰其實分不得不知其大者皆小也其小者皆大也

先生嘆爲學之難曰朱光庭在宋朝出入恭敬蘇東坡常戲與人言曰何日打破這箇敬子程氏之學不行蘇氏柅之也蘇負文章又有時名其設心如此

林子仁之叔父待子仁如子既喪矣子仁甚哀戚欲重禮報之問於諸名公諸名公曰先王有定制無如之何一日

服吉衣來見謂已過一月假也先生曰當去此衣制齊衰以盡情子仁遂行之

揚州有五士謁先生中間一斬衰者問太極剛柔先生曰太極剛柔只在目前不是高遠的如居喪未葬讀喪禮既葬讀祭禮便是太極剛柔如此講求方不涉於虛無後其人杜門守禮以終喪

先生謂大器曰千慮萬思不如一靜千變萬化只在一心大器曰靜無欲之謂心如谷種之謂又曰心上起經綸如何先生曰那經綸固是心上起但看怎生樣起又問曰就在谷種上生起谷種焉能生曰仁而已

先生觀我

太祖作閱江樓記嘆曰信非詞臣所能及且停止閱江工作而曰無一人來諫真聖人也當時諸臣萬倍不及矣試想像是何等胸襟是何等創造

諸友贈王朝二卷請書大字先生乃書一書朋友切偲一書言而有信且曰不但行之者如此送之者亦當如此當時諸生俱惕然

先生講不虐無告不廢困窮大器曰昔聞先王之教加敬於瞽子方是學此心隨處發見在南京或泣途者與之以錢在蕪湖或夜乞者與之以飯若錢與飯或時不便則此

情若過不去一般却憶昔日未聞教時遇此樣人似全不相干涉先生曰甚好纔知皆擴而充之若火之始然但不止敬此等瞎子也凡無告無勢者皆瞎子也

希古曰程子說邵子苦心如何先生曰孔子發憤忘食又曰終日不食終夜不寢不知如何景象希古曰聖人未必是如此盖謙辭耳曰最不會說謊的是孔子且伏羲上古聖人仰觀俯察顔子是一箇大賢鑽堅仰高瞻前忽後楊子說顔苦孔之卓何等苦心今人都要捷徑省事往往去了是以不能入聖

問禮樂可分否先生曰不可分禮樂乃行道之器與物與道不

過五倫惟禮樂能舉之如有一顯官每朝高聲問安父母方寢心不安是一于禮而失其和敝處有一秀才父子嘻嘻甚是嘲戲是失其禮而一於和禮勝則離樂勝則流如司馬温公事父兄因寒問衣得無薄乎隨時致問不驚人駭俗藹然可愛易曰中孚豚魚吉何城問後世君臣但見其禮而不見其和和復可行否先生曰只遇主於巷納約自牖信而後諫便是和的意

先生謂諸生曰我欲仁斯仁至矣今講學甚高遂與諸生相約從下學做起要隨處見道理事父母這道理待兄弟妻子這道理待奴僕這道理可以質鬼神可以對日月

可以開來學皆自切實處做來大器曰夫仁亦在熟之而已曰然

先生嘆世之學者只人真實爲舉業陷溺久矣講書只求分截不求義理乃利心害之須要將舊所填塞的盡掃去了又換一箇心腸方可

何掌科談刑部有一媍人與小叔通此媍人夫喪了止有一子媍人又與他人通嫁之他人後又出之媍人帰小叔遂收之爲妻其一子恥之乃殺小叔刑部問以殺期親尊長死罪大理評不當死刑部曰律無該載請

旨先生曰律有上下比附春秋梁人有繼母殺其父者而

其子殺之有司欲當以大逆孔季彥曰文姜與弑魯桓春
秋去其姜氏傳謂絕不爲親即凡人耳方諸古義宜以非
司寇而擅殺當之不得以逆論兹叔與嫂姦是無人倫弟
無其兄姪可無其叔矣其殺之不當死罪
問爲政之難何故曰只是巨室極公之耳昔孔子由魯司寇
攝行相事人誦曰麛裘而鞸投之無戾鞸之麛裘投之無
郵此謡皆因逢了三家左右之心若民則甚喜若大旱之
望雲霓三月政成化行又誦曰衮衣章甫實獲我所章甫
衮衣惠我無私此非有兩聖人也
先生嘆曰最是異見異聞的人雖比丘尼有一說横于中

了常人雖粗淺然無所汚染與他講說倒肯篤信力行
輩今日只將與常人說的話向那異聞異見的人說不知
能轉否
問為學曰只要正己孔子曰上不怨天下不尤人知我者
其天乎若求人知路頭就狹了夫打那處去尋只在得人
得人就是得天書曰天視自我民視天聽自我民聽學者
未省曰本之一心驗之一身施之宗族推之鄉黨然後達
諸政事無往不可凡事要仁有餘而義不足則人無不得
者
先生謂諸生曰天下多少英俊他自家不肯為聖為賢並

若看別人爲聖者賢幾偶見有不是處便識得輒譏笑故
子之學須是誠意又要愼其德使在近朋友信之在下鄉
鄰信之又要賢者稱之不然又是同流合汚
諸生私揀論語緊要處質問先生曰論語書處處皆義理
精微不知諸生以何者爲緊要以何者不緊要
有尊官說一舉人欲拜門下甚好詞賦曰此人好資質却
爲此學可謂係小子失丈夫尊官亦因之愕然
陳世瞻與大器進見先生曰某連日多事世瞻曰皆道之
所在先生笑曰但須要一言一行一事一物皆常看見此
道在不可既退放在背後做兩件事也孔子曰造次必於

是顛沛必於是及送過屛風又叮嚀曰可當一件事行便
是得了路頭也
先生謂大器曰人安能如顏子閔子子路挺然獨立于世
其德行卓然照曜千古如閔子則曰如有復我者則吾必
在汶上矣若別人便纏繞解不去
陳世瞻問欲使南北一樣士習可能否先生曰南海有聖
人出焉此心此理同北海有聖人出焉此心此理同所不
同者特風氣山川隔着耳學者不可以其隔處自限也思
慎不見夫子以中和變南北之強乎
希古問剛好柔好先生曰剛好孔子以爲未見曰內剛外

柔如何曰還是内外剛好若内剛外柔只是爲保身家識

論學還不是

應德問文章定不得人先生曰爲學的終不同有這般意

向臨文時輒一露

先生謂諸生曰須解去舊習方可下手做得工夫人資質

禀得不甚純粹又爲習俗所薰染原本既不好外面染

所感的只管受了如何進道如佛家受想行識一般這亦

且在此用功

涇野子語錄卷之九終

涇野子内篇卷之十

鷲峯東所語第十五　　門人進賢章詔録

章詔問嘗與朋友講論國家有三大患一邊方之害二宦官之禍三閘河運道之苦先生曰是固然所謂大患者尚不在此詔三請答曰當今大患只是士習不正耳蓋天下國家所恃以治安者惟人才若士習不正則其患何可勝言自是屢言及此蓋深探其本也

先生謂詔曰古之聖人只是虚心取善如堯則稽衆舍己舜則好問好察大禹聞善則拜孔子好古敏求且以舜之聖知何如也歷山雷澤河濱之人其微賤又何如也舜與

之群居並處而其人之有善尤樂取之未嘗自以為聖亦初不見其人之微且賤也則舜之心廣大何如哉厥後孔門獨有取於子賤為君子以其能尊賢取友以成其德也既宰單父猶師事賢於已者有五人用成不下堂之治孔子嘆之曰堯舜聽天下務求賢以自輔惜乎不齊之所治者小也若子貢則夫子但許其器固未至於不器之君子矣他日夫子謂其日損則好與不賢者處也子賤其可法乎

問為學難曰學者切要工夫只在克已克已之要須自家審察此心一有偏處即力制之務有以通天下之志故曰

一日克己復禮天下歸仁

詔問講良知者知何先生曰聖人教人每因人變化如顔淵問仁夫子告以克己復禮仲弓則告以敬恕樊遲則告以居處恭執事敬與人忠蓋隨人之資質學力所到而進之未嘗規規於一方也世之儒者誨人往往不論其資禀造詣刻數字以必人之從不亦偏乎

問今學者論舉業德業爲二可乎先生曰舉業中即寓德業試觀所讀經書及應舉三場文字何者非聖賢精切之藴仁義道德之言試以是體驗而躬行之至終其身不易德業在是矣

◎

詔每以先生常言學者甘貧改過從事頗有功曰然能甘貧則凡一切浮雲外物舉不足爲累矣能改過則可以日新而進於善矣大抵過失亦多生於不能安貧中來貧而能安過亦可少觀於顏子可見矣雖以成湯之聖而猶曰改過不吝秦穆公霸者之君耳其伐鄭歸而悔過自誓之言乃列於書之終篇與帝王並稱也過只不宜頻復貴於速改

學者問天下事事物物俱要理會過可乎曰一事不知儒者之耻如禮樂制度錢穀甲兵獄訟之類皆當究心庶幾他日可以應用至於各年通報諸臣條陳政務亦各有益

處可覽記之但不可騖其心騖其心則本心之仁已亡所多識者猶口耳也亦不足以應務

語莆田林賢曰學者人倫日用冠婚祭射之禮尚未能行却輙言論高遠且爲學當有轉移活法若說只閉門澄心便了了天下事恐未必能了也

或問朋友講論多不相入先生曰須要心氣和平使人聽服不然則至爭辯面頸發赤雖講之善亦是不善也所謂學安在哉

先生語基學曰朱子平生只以正心誠意四字告君格心之學誠不出此但執定此法恐人君資稟學力有所不逮

使生扞格要當有入手處或隨其偏處捄之或就其明處
通之方是心意活動
基學論日月明學者只惟學其明處不必學其照處先生
曰何不學天日月亦天之運用者耳苟爲雲霧所障則明
掩矣若天地日月風雲雷霆霜霧皆所馳使運行者也
問講學曰切不可執泥已說如此等人則雖有善言執而
不悟人亦不告之矣學者須去此病使聽得四方九州之
言始於己有聞善之益不然則聞見狹而遺乎善者多矣
惡在其爲學
問致良知先生曰陽明本孟子良知之說提掇教人非不

警切但孟子便兼良能言之且人之知行自有先後必先
知而後行不可一偏傅說曰非知之艱行之惟艱聖賢亦
未嘗即以窮為行也縱是周子教人曰靜曰誠程子教
人曰敬張子以禮教人諸賢之言非不善也但亦各執其
一端且如言靜則人性偏於靜者須別求一箇道理曰
誠曰敬固學之要但未至於誠敬尤當有入手處如夫子
魯論之首便以只曰學而時習言學則皆在其中矣詔曰
此可見聖人之言約以弘辟之於天諸子則或言日月或
言星辰或言風雲霜露各指其一者言之若聖人則言
天而凡麗於天者舉在其中矣然言天之道於穆不已君

子之學當自強不息此希天之道也若是則前所謂靜所謂誠所謂敬與禮者一以貫之矣認鄙見如斯未知可否

曰然

先生曰今日諸生相聚皆四海九州之人一旦於此講學非意氣之孚不能若此講論道理乃天下公共之理若有未善當極其辯論以求其是毋吾以也

問聖賢教人之方曰大學乃是立定規矩條目使人有所持循論語則多因門人弟子問答及君臣相與之言各就其資禀造詣與夫人之病痛處言語孟不必同於中庸中庸不必同於語孟拘拘執一者非也

論格物致知世之儒者辯論莫大高遠乎先生謂若事事物物皆要窮盡何時可了故謂只一坐立之間便可格物何也蓋坐時須要格坐之理如尸是也立時須要格立之理如齋是也凡類此者皆是如是則知可致而意可誠矣

又曰先就身心所到事物所至者格之便自熟或以格爲量度亦是

先生曰子見齊衰者與瞽者甚敬之至與冕衣裳者施敬一等緬想其心堯之不侮鰥寡舜之不虐無告文之惠鮮鰥寡其揆一也所謂老者安少者懷者即此氣象學者果能視尊貴與鰥寡者無異則其心即前聖之心蓋自至公至仁

虚然得之也

先生謂諸生曰學者只隱顯窮達始終不變方好今之人對顯明廣衆之前一人焉閒居獨處之時又一人焉對富貴又一人焉貧賤又一人焉眼底交遊所不變者惟何粹夫乎故嘗贈以是言學者須知此意

問讀書作文先生曰學者雖讀盡天下之書有高天下之文使不能體驗見之躬行於身心何益於世道何補故學者不貴於文藝當涵養本原脩其德業其文學自著矣

先生謂詔曰學者須盡知天下之事通得天下之情如在一鄉須使一鄉之人可化縱是愚夫愚婦亦可與之相接

說得話不見舜之耕歷山漁雷澤陶河濱人皆親之化之何故

問儀禮曰此先王經世之書廢於後世久矣學者不可不講而習之如冠婚祭射等篇既講究之尤當習演其事非惟檢束身心宛然可復見先王時景象故嘗語學者嘗見學禮

問顏子簞食瓢飲在陋巷不改其樂如父母何曰當時顏子父母在必能諭之於道不然則以簞瓢奉親而親或不悅則顏子雖欲樂得乎以是知求手舞足蹈之樂有處也先儒謂周茂叔令程子尋顏子之樂處所樂何事伊川只

◎

答或人云若說有道可樂便不是顏子此語極好夫顏子心胷何等宏大何等洒樂視世之富貴貧賤利害殀壽舉無足以動其中者此誠見大心泰無不足也顏之樂處正在於此

問顏子之學曰天資極高不易學學者且當學曾子曾子以篤實之資動皆守禮學之有所依據如禮記所問與夫子論孝等篇皆其隨事精察而自有得一日三省尤見切實之學故夫子之一貫亦因學有所得而語之其餘門弟子不能及也故曰曾氏之傳獨得其宗世之儒者不問學者之資禀而槩以聖人一貫上達之理告之則是誣之而

已矣

問逝者如斯曰程子謂有天德便可語王道其要只在謹獨此義極精議人心本與天地相通如西銘所云者苟其心少有私意扞隔起天理間斷了便是不能謹獨與天地之化往而不息者異矣何有乎天德則王道安從而行故惟聖人之心至誠無息

詔問程子嘗言學者須大其心辟如爲九層之臺須大做脚方得先生於抄釋曰人須思如何能大其心詔以爲欲大其心莫先於克己先生問如何爲克己詔曰人之心本自廣大但爲私意蔽之則狹小矣故學者之心一有偏私

即務克去庶以復其廣大之體如何先生曰固是必如曾子之弘毅西銘所謂民胞物與始得且如尊高年所以長其長慈孤弱所以幼其幼人雖或力量不逮却不可無是心如張子見皇子生則喜見餓莩則戚的心方好然此心安從生詔未及對他日又問曰只是預養仁心自無已之可克矣

先生曰洒掃應對雖下學事然詩曰洒掃廷內維民之章程子曰從洒掃應對與精義入神貫通只一理又曰是其然必有所以然辟則子貢答太宰言夫子之聖又多能也則以多能爲聖之外事固非太宰之意矣至夫子乃謂君

子多乎哉不多也言不是多皆性分中事則多能又不在聖之外矣又乾坤之理何其廣大夫子繫易乃比於門戶闔闢之間可見道理至近切不必遠求闔闢只是動靜甚易簡斯可見洒掃應對精義入神無二也

問治六經先生曰此皆聖賢精義妙道所在學者非徒以資辯博也蓋聖賢前言往行固有後學心思所不及躬行所不到者誦其言將以廣其知識增益其所不能也

問王道曰只當以養民爲先如孟子五畝宅百畝田鷄豚狗彘之畜無失其時使老者衣帛食肉黎民不飢不寒然後謹庠序之教申孝弟之義此正是王道之大爲治切要

誠不出此後世敷陳王道者雖千萬言而不足不知其要安在

問舜有臣五人而天下治夫舜在當時止用五人遂斡盡天下之事而成於變風動之休後世用數千百人中間豈無豪傑而天下治卒不古若何也先生曰五人之德固不可尚而其心至公無私其賢能彼此相讓略無一毫嫌忌間隔之私而舜又以至聖之德臨之五人之用各當其才而五人之所舉而用者又皆五人之才君臣上下同一公心耳詔因嘆曰此隆古何等氣象後世人各一心有賢能者多爲人所妬嫉且才者非所用用者非其才舉措失宜

勸懲無所於用況君臣情隔上下道睽如何可復三代之
治
大學絜矩不必拘拘以傳中次第言之便當知身任天下
之責欲行絜矩必先理財使民生得遂欲理財以養民須
要用人欲用得其人須公好惡公好惡則善人在位不肖
者屏去舉賢必先退不善必遠如是庶善惡知所勸戒若
求大道得失之幾則惟在於忠信驕泰而已
諸友侍坐因論及天下之事詔問曰方今民窮財屈有憂
世之志者當何所先先生曰莫先於講學何謂也曰且如
此數人者講學既明果能同心同德他日措以致治無難

也詔曰學者必心術明學術正得行其志則以幹天下之
治而濟天下之民誠有推之而自裕者先生固然
問今天下守令多不愛民者何先生曰守令於民最親苟
得其人則民生自遂守令欲行仁政則惟在克己在知言
不能克己則心又偏私不能知言則言之是非得失無以
辨不免爲下人蔽惑奸人欺罔其弊何可勝言宋室當天
下甫定之時則藩鎮之爲禍在所當懲若高宗時土地爲
金人侵削甚矣故李剛上疏令臣下能復一邑者與之邑
復一郡者與之郡雖亦藩鎮之意正所以强宋也此誠謀
國之大權惜奸邪汪黄沮之不行爲可恨耳豈惟守令要

克己知言乎
詔嘗怒一惡人先生聞之戒曰學者要當以涵養德性爲本暴怒切不可輕發若恣性直行動與物忤中間便生多少怨尤此等人固可惡以吾儒何所不容何足與較夫我則不暇於此矣故曰有所忿懥則不得其正所以學者治情爲難若事雖是義君子固以爲質了尤當禮以行之孫以出之若徒以爲義而徑情直行便少禮行孫出工夫故君子於事至言前必詳審斟酌而後行之庶幾無悔詔即自痛悔因思往日惡惡太甚偏於剛隘適招怨尤無益也書以自警

詔問處宗族有不善者如何先生曰若可化則以禮義諭之使之自悟如不可化亦當委曲容之可也故門内之人寧使恩掩義

問蓍龜卜筮之事曰龜卜則用三人故曰三人占則從兩人之言必其人心至公無私公則明明則自能察其休咎苟心非虚明何以知之若蓍則全要誠意感格方可揲蓍龜所以教人心之公蓍所以教人心之誠非規規於卜筮也其實公則無不誠誠則無不公

唐虞之世刑官只是皐陶爲之明五刑以弼五教而已豈似後世刑官以爲極大極重之事或逞其智術有能斷

一訟得一情則喜甚至煽 威怒雷歲煅月煉畧無哀矜惻
恤之意彼安知刑之本只在斯民生養之遂教化之敷誠
使之各遂其生而知禮義 則刑自然省矣
戴時化問鳶飛魚躍活潑 潑地謂學者體此當必有事焉
詔曰若此心常存則道體常在目前故程子謂其要只在
謹獨正是此意先生聞之曰爾兩人如此講論却見用
功切實
論書敷奏以言明試以功言即其所陳之事如闢土地治
田野養老尊賢等是也乃出其言之善而明考其功謂詢
事考言聽言觀行是也若直前則自無所毀譽世至春秋毀

譽不公時君莫辨惟齊威王烹阿大夫封即墨誅賞嚴明齊國大治可謂善矣後至西漢猶有成周遺風故多循良之吏如黃霸守潁川八年致鳳凰神爵之祥魯恭宰中牟能致三異即是而擬之古昔鳥獸之巢可俯而窺者亦爲庶幾此前古何等氣象諸生正宜將此想象體貼如居一鄉則必化一鄉之俗他日治一邑一郡則必有此意方好庶不負今日所講矣

詔因辭謝久庵公與講論陽明之學公謂朱子之道學豈後學所敢輕議但試舉一二言之其性質亦似太偏昔唐仲友爲台州太守陳同父同知台州二人各競才能甚不

相協時仲友爲其母與弟婦同居官舍晦翁爲浙東提舉出按台州陳同父遂誣仲友以帷薄不修之事晦翁未察遂劾仲友王淮爲之奏辯晦翁又劾王淮後仲友亦以帷薄不修之事誣論晦翁互相訐奏豈不是太偏乎詔問此言歸而問於先生先生曰訐奏事信有之但仲友雖負才名終是小人安得以此誣毀朱子是非毀譽初豈足憑久之便自明白朱先生劾仲友事見台寓錄仲友誣朱先生事見仲友文集可知其是私也

壬辰五月九日詔自北回謁

先生於鷲峯東所亟詢經歷道途生民休戚詔對以自離

張家灣武清縣至景州安陵地方餓莩盈途旱蝗蔽天先
生蹙額顰眉嘆曰誰當以此轉聞于
上以急救此無辜之民聞陝西地方旱荒尤甚詔曰歲凶
如此猶見貴官行舟過用人夫糜費供億全無惻憫之心
似未嘗讀書然不知何也先生曰蝗旱爲災細此等爲災
大蝗旱之災實此等所致也
先生語諸生曰民生不安風俗不美只是學術不正學術
不正只谷徇惟見功利壹邊鮮知道義所以貴於講學者又
不在言語論說之間惟在篤行道義至誠轉移而已
詔問於先生曰學者只怕壞了心術如浮泛之人雖有文

才無此實用於世何補若心端則行確此等人才出而見用必有益於蒼生先生曰然

先生每語諸生曰若等既以道義相聚必皆意氣相孚務以平日之所講者發揮於言行之間善相勸過相規有一言一行之善即稱勸之以厲其志有一言一行不善即規正之以速其改如是便能興起向道庶不負此良會

先生謂西漢人才還是重厚如周勃恥言人過丙吉擁立孝宣至死不伐故能養成漢家忠厚之風非後世可及也

惟熙問克伐怨欲何以能使之不行先生曰即程子明理

可以治惧數語例看可能也蓋人之好勝者多由其心之弗虛故虛心可以治克人之自矜者多是爲人故爲己可以治伐人之動輒忿怨者只是不知命故知命可以治怨人多嗜欲者只是不能見理分明故明理可以治欲其寔惟在求仁耳

或問程朱之學同異先生曰程朱之學皆近孔門但朱子之著述太多耳然其躬行亦未嘗一日少怠當其造詣清苦亦庶乎原卜之間矣

先生謂漢武帝初年無所不好神仙征伐財利文學其人各以類而至惜一仲舒真儒也却不好而又斥之故其治

駁雜幾於大亂甞詔問西漢之時去古未遠何真儒之少
而只一仲舒耶先生曰只緣未能興學甞詔曰莫緣秦坑
儒之後加以漢俗高輕儒嫚罵是以道學不明於世故士之
知學者益鮮耶曰亦其然
吳佑問思慮紛紛擾何以除之先生曰夫心不妄動之謂靜
若思慮紛擾是妄動也只當先知所止則心自定靜矣
李宗本曰是亦由於不能安貧中來耶先生曰亦是若能
安貧則雜念自除詔曰亦當先安於義命則能安貧而思
慮自除先生曰然安貧即是安義命
先生謂明相宗本在監當擇好友常相與講論善道方好

二子謂朋友中志向亦有不能盡同者先生曰只虛己下人誠以待之如郭林宗之在當時自能化人若茅容之避雨樹下孟敏之墮甑不顧皆林宗感化之人也蓋以善道語人而人或不信服者猶是己之誠有未至也不必責人

詔同惟時諸先生因論沈繼祖誣毀朱晦翁以不孝不忠不能正家等事然則詆毀之言雖聖賢有不免且如近時有二縉紳先後任太守俱有才名只因不受屬於士夫而痛懲豪右遂謗毀大興一則落職歸一則自陳養痾嘗見士大夫被去求全之毀者十常六七而縉紳每論及此往

往有不平之嘆將如之何先生曰只管行己之道彼肆謗
者將自消矣是非眞僞久之自白豈足爲賢者累哉其他
則在執政者公且明耳執政者公且明也其謗亦難興
乎
先生常論王道只以養民爲本後之仕者却又辦簿書急
催科理獄訟善逢迎事上官者爲賢甚至貪殘肆無畏忌
乃習成一樣虛套遮飾哄人至於養民之事漠然畧不加
意哀哉斯民如之何不窮且盜也如今只要不諂諛不貪
錢不說謊者便可以安百姓
詔問曰學要窮經與何書可讀其道德事功竟非後世之所

能及後世書愈多聞見非不廣無乃人才務末而忘本故德業愈不逮古歟先生曰皐夔稷契親受堯舜精一執中之傳聞一善即得一善見一善即行一善何等專確況聖賢傳心之要既親受之又何用書籍後世書雖多看一部即丟過一邊求其於書中聖賢之言實體而躬行者有幾況既不得聖賢心法其所讀者不過口耳記誦而已聖學不明士習浮靡又安望德業如古人耶

詔問天下之民所賴以爲養者惟土田然天下之田畝甚不能均　國初丈量田地攢造魚鱗冊以均其田稅庶絕通弊使小民不致重累然欲丈量只在得人然尤貴於得

法田地既清他政自舉不識如何先生曰然近時有蘭州人段紹先者見任南京兵部職方郎中先尹河南杞縣亦嘗如此量之彼令田戶報實畝數各四至插標於田中晝爲數區每區之中各註每人之田若干畝數于冊及親臨其田地隨他製簽量之驗畝任糧遂得一縣田地清而稅糧均誠哉天下事只在得人詔又曰且右不可畏其難以爲不可爲將使斯民永無安養之日矣曰然

詔問陸象山論心不論性亦以心爲之主宰性情固在所統歟又歐陽永叔謂教人性非所先者其亦夫子罕言性命乎先生曰性命理氣固要講明必措諸躬行方是親切

性命自在其中庶不爲徒講也陸歐之言亦有弊詔問士大夫作古文只宜平易典雅今多尚奇可乎先生曰漢人有一事便說一事有一言方說一言皆是心中發出無些子粧點枝詞蔓語所以近古下逮六朝晉魏之文只是浮詞粉飾辟如醜婦全藉脂粉原無本體殊爲可厭夫天下之治平雖不盡係於詩文然文章實與時高下其文如此則世道可知矣他日與易伯源論文曰人若有養發之文詞無非說理自不暇爲靡麗浮誕之詞伯源曰古人溺意於文者其間道便少方今彌文曰盛故本末輕重之間學者尤宜決擇

諮問夫子答子貢以博施濟衆曰何事於仁必也聖乎他處言仁甚大此則必歸之聖似有小大之差者何先生曰此仁字當指仁心而言今人有仁愛之心而恩不能偏及於下民者亦多矣若聖人則不惟有是仁心其作用處自別要亦不外於用人故謂之聖者其間自有裁成輔相的意其堯舜猶病者堯舜之心固猶有不足於此可見博施濟衆之難非獨仁者之所不能也即如今有司賑濟的一樣如發倉廩散財以賑民亦可謂博施矣然或不能立法或用不得人致使奸人作弊故有飢民而不得領者有方領二三錢先已用去大半者所以斯民全不沾其實惠使

是不能濟衆故學者以克己復禮爲仁能見之施爲運用
處方可
詔問天下所恃以爲用者人才耳然今學校之所養與科
目之所舉者亦未可盡謂得人愚意在上者一轉移之以
振起其道義之風嚴加考訪將三等簿着實舉行務先德
行而後文藝庶人心警勸先生曰
祖宗設立卧碑及命提學官　勅諭亦不是此意但奉行之
人多玩忽耳且自童生入學及生員科舉時皆須里鄰重
甘保結但有平素行止不端者不許入學不許科舉古者
鄉舉里選之意亦不外此若如今或隸卒之子犯十惡之

家但有輕儇子弟畧會讀書便營求賞以抵門戶師生貪其厚賂一槩縱容全無顧忌大壞學校正此輩也士風安能得厚

鄒際虞問國家解軍之法備矣其何更有許多之弊且如今年軍士逃的各年清軍查出解後便費許多錢糧亦無到役者如何先生曰未盡然亦在我們講學的人問軍士與講學何與曰在摠理這些軍職官的若能使這些軍士人人飽煖則軍士之赴役如行者之赴家雖逐不去矣今軍職官賄賂摠理官營求管事這些財是何處出皆是削軍之脂膏以償也際虞又問軍士既缺粮尚有餘然亦無

積餘何也曰雖有積餘因公扣除者亦多矣留大本曰在湖廣邊上昔日指揮千百戶只有數人今日指揮使以數十計千百戶便以數百計昔日之軍皆變爲官矣先生曰此雖以執一論如在邊上有首級便以課功如南京便無此只是掌軍官不知憂恤故逃耳除處又問紀前日見分布足銀兩那些指揮千百戶爭分彼此攘奪捴理官亦莫如之何曰怎麼不在捴理的他把這些軍官區處停當依時分布如有爭奪者則重懲以警其餘又曰除處勿以予言爲迂你讒說軍士之弊要盡救無階又與捴理官說亦不信只好講明這道理預養吾仁心他日得志措之天下

可也
先生因朋友在監疾久不愈者謂諸生曰人多是思慮紛擾襟懷不舒展故疾難愈若屏絕思慮放開襟懷此便是卻疾之方可以勿藥自愈也學在其中矣
詔問克伐怨欲不行夫子不許其仁何耶先生曰學者惟於仁處下手做工夫則雖克伐怨欲亦易去矣且如司馬君實何等忠誠何等才學當時欲去青苗之害至免役之法亦欲去之蘇軾諫之不聽乃曰公昔能諫韓公刺義勇公今執政乃不容人諫耶及開封尹蔡確迎逆其意而奉行之君實遂悅而不知其奸矣詔對曰竊嘗謂君實雖是

純誠豈其於仁猶未能盡純耶陳昌積曰吾輩今日雖講明正學使他日在位或疾惡太甚安保必無此失乎先生曰更當上達子發問何謂曰無意必固我耳

涇野子內篇卷之十終

涇野子內篇卷之十一

門人潁川魏廷萱校正

鷲峯東所語第十六

門人金壇王標録

標問讀書昏勌曰汝取平日古人的好言行朗誦一番志氣自精爽亦可知昏惰根本所在便斬斷也

詔問科舉之學古人言不患妨功惟患奪志何如曰妨功奪志無甚相遠諸士讀堯舜周孔之書將堯舜周孔心事措諸躬行臨題歷歷寫出作爲文章出仕時即將此言措諸政事上何妨功奪志之有若作兩項看豈惟妨奪者哉

問溫清定省與立身揚名不能得兼如何曰溫清定省即

是立身揚名但其志在親何事非孝

問成王不遇天雷風雨之變而武庚之禍將成周公何以處之曰惟行法俟命而已

問司馬君實儘人忤逆不較何如曰固是美質亦學問之力

送周璘歸福寧語曰學者率喜談高而厭卑卒之高未至而卑者亦荒學者率喜言遠而忽近卒之遠未至而近者亦亡此與懷王所嘗語者也斯徃也行遠自近登高自卑以正流俗不可乎

今日講的學自是固非也說人講的不是亦非也禮曰汰哉叔氏專以禮許人

先生曰今世學者開口便說一貫不知所謂一貫者是徒上說是言上說學到一貫地位多少工夫今又只說明心謂可以照得天下之事宇宙內事固與吾心相通使不一一理會乎心何由致知所謂不理會而知者即所謂明心見性也非禪而何

問修辭立其誠曰程子所謂修省言辭也如所說的言語見得都是實理所當行不爲勢所撓不爲物所累斷然言之就是立誠處如行不得的言之即是僞也問如道理上見一分言一分曰然又問如道理說得十分明於身心上全無干係就不是修辭立誠否曰然

進德修業學者只是這兩件事德是心上的業自言行上做的德是箇至極的知德爲至則忠信以至之而忠信之存否則己所獨知故曰可與幾也業是成終的知業所當終而修辭立誠以終之則義已具故曰可與存義也

問既應事接物之後何如光景曰雖事物既往念頭未嘗不流動若謂念慮無動時則所謂坐馳也故朱子解靜字曰心不妄動解得靜字極穩帖

問程子所謂且省外事但明乎善惟盡誠心文章雖不中不遠亦在舉業事否曰所謂文章者雖不止如今所謂文字者然亦在其中且張子亦有此等議論所思在義理文

詞下筆則沛然矣孟子曰仁義禮智根於心其生色也睟面盎背四體不言而喻況文詞乎近見諸生意思多覺有定自此用功當有進處文詞不足道也問看一部華嚴經不如看一艮卦如何曰艮其背止於義理也不獲其身行其庭不見其人人已兩忘也吾儒之所謂艮則皆是實理華嚴經之所謂艮人相已相則皆以空虛看了

問宋宣公傳位於穆公穆公傳於殤公其事是乎曰也是公羊所謂君子大居正或不可以立嫡之說泥之也古人有行之而善者堯舜也有行之而不善者燕噲子之也堯於他人且傳之位況其弟乎只看所傳之賢否何如耳弟

賢則舍子而立弟子賢則舍弟而立子要之不可爲典常耳若漢高帝舍惠帝而立文帝則必無呂氏之禍吳壽夢之事若以立嫡爲主則諸樊可也若以立賢爲主則季札可也若欲傳於諸樊以次及札使餘祭諸人皆各永年則將相去百餘年然後及札是札終不得傳矣文王不傳於伯邑考而傳於武王未必非正也問春秋書季札來聘而不書公子者其亦以季子之讓爲不中乎曰非也春秋之法在夷則去之故其君多不得書季札其臣也而書之賢之也不書公子者在夷也又問季札之才近伯夷何如曰然札賢者也觀其葬子於嬴博之間又觀周樂於魯皆是

未易及處又問相傳孔子十字碑真否何如曰此字有古
意若非漢人筆
立德傳賢之事只要爲君者有定見有定力故事可定也
惟堯舜大王文王爲然否則夷齊季札皆不有國矣故後
世奪嫡之事皆其爲君父者昏庸偏私之罪
諸生有言及氣運如何外邊人事如何者先生曰此都是
怨天尤人的心術但自家修爲成得箇片段若見用則百
姓受些福倘使不用與鄉黨朋友論些學術化得幾人都
是事業正所謂暢於四肢發於事業者也何必有官做然
後有事業

黃惟用曰學者不可將第一等事讓別人做先生曰纔說道不可將第一等事讓與別人做不免是私這元是自家合做的又曰學到自家合做處則別人做第一等事雖拜而讓之可也

孔子後得孟子發揮出許多來其對時君言者特其緒餘耳其志氣之說於理學甚有益教滕君行喪禮則吊者大悅行井田則許行陳相皆自來豈徒事空言者昔李太伯作非孟篇鄭氏亦為藝圃折衷至余隱之乃作書以辨之而司馬公亦以孟子為疑朱子悉取而辨之孟子之心可見也

諸生習禮先生曰上東階則先右足上西階則先左足雖

抄手出言總是存心處
聞禹聞善言則拜舜則樂取諸人以爲善曰此須知禹之
不及於舜處安在體貼得舜的心纔是若子路之喜聞過
且不筭禹之拜未免有形迹拜的心與那樂的心畢竟差
些舜陶漁的時節與那野人雜處初不知他爲聖人那些
人有善遂舍己以從之然其舍己從人又不可以輕易說
若是不好的言語又何如舍己以從其顯然易見者固不
從那佞人的言語我以爲是則彼亦以爲是我以爲非則
彼亦以爲非他候得我的意思先言迎我我者胷中無精
之素鮮不被他惑了司馬溫公豈不是箇篤實人決意要

改新法被蔡確一一奉行他就信他是箇好的趙鼎張浚被秦檜惑了遂引用之故常謂宋室之壞非自秦檜自趙張壞之故舍巳從人最爲難事辟如買玉石一般若不認得鮮不被他以假的來哄了

問月令朱子嘗以夏月非周月者何曰周月總是夏月古人改正朔不改月如元祀十有二月乙丑則以十二月爲首未嘗改十二月爲正月也如周改十一月爲正月則春當爲冬夏當爲春四時亦不定矣此豈可改乎故春王正月春秋則從正月記起以見從夏時耳胡氏程子皆以爲周正至其後來所記之事皆易其日月此豈聖人之信史耶

學者到怠惰放肆總是不仁仁則自是不息
先生曰諸生看大禹皐陶相問荅之言則就於今日朋友
間體認得禹皐陶之意便好己之善不必爲矜人之善不
以爲忌初無君臣之間亦無彼我之別若體認得此心我
有差便是差了不必揜護不矜己之能不攘人之善不揜人
之長常存得此心便是克己自驗驗然登唐虞之廷矣
德惟善政蓋益之所言只在帝身心上說未及養民上故
禹言要在養民以足其所當儆戒之意惟修惟和皆是要
如此做雖有已然者在此還要去脩要去和也凡水火木
金土當時皆有一官以掌之如玄冥掌水祝融掌火之類

水則滿潦溢澮火則如焚萊禁火等事如水則有水歌火則有火歌如耕田鑿井帝力何有于我的歌民家家飽煖焉得不歌不歌所謂正德亦不過六府修而後民德得其正耳看禹之言一州一縣亦行得

當時堯茅茨不翦土階不砌設官只是去管百姓的事要六府之事修和而已其設刑官亦只是於民事不修的要他儆戒作箇隄防後世的刑官全非此意將罪人鍛煉成獄舞文弄法惟恐他走脫了甚失設官之初意

先生一日語諸生曰新塗蕭時化吾嘗語以改過之說他日對曰生既聞教後一日欲見穆先生以意心而止忽又

念曰此非改過也遂往見之至于途遇一相識人方在廬
背以佛下故將扇掩面而去又念曰此非改過也遂回前
十數步必揖其人而後行此事雖至微可謂存心者矣又
謂章友前日以中官不禮而怒今日聞中官被杖而喜此
皆非正情也無前之怒則無今之喜此等處甚見得實
先生曰人未有不可化者昔日處士仇時閑渡江來見舟
子誦佛經甚勤及至岸索取舟價甚亟時閑謂之曰汝爲
母誦經其好善者乎乃索人多價非善也其後舟子不復
與人爭價看來人未有不可化顧能投其機耳其機動者
或隱在商賈或在技藝或在僧道皆可化故曰鼓之舞之

以盡神

舟子爲母誦經是他孝心明處故動他易若化惟堯舜成

邑聚都耳

詩人於周公從步履上看便見得周公之聖故曰赤舄几几

凡人內不足者或有譏謗之言步履必至錯亂不能安詳如謝安折屐豈能強制得住故古人只求諸已在已者定外邊許大得失禍福皆不足動我是故烈風雷雨弗迷

一日語標曰昔歐陽公修唐鑑人謂其章則增於前其詞則省於舊自今看來還不是又曰大要只簡而明若辭之不可已者留之可也呂東萊有功於史甚多今大事記不

可不看

永年問典謨之旨曰王政以養民爲首故先棄養而後契教教而有不率者故次皋陶氏教興而器用不可缺也故次垂民而後及於物焉故次益民事舉而神可事故次之以伯夷既有作於前者不可無所繼於後有修養待用之教焉故次之以夔其終之以龍者所以嚴保治之防也虞書不過五篇而天下之大經大法皆具於此聖人之氣象皆見於此聽人言之美則曰都曰俞而已之有言自覺其美亦先曰都其言有未盡者固曰吁而其言未能已者則又曰吁此可見當時君臣僚寀一心相與誠切懇到如

此只此便非後世可及若成功文章盡緒餘耳
問夫子日夜所思與夫所謂學者何事先生曰只是遇著
事時便求此事之理於心觸類而長思之不置要求一箇
至當處如周公思兼三王處也是
問克己復禮禮字與三千三百禮字同否曰究其極即是
一箇禮又問如非禮勿視如禮記所謂始視面中視抱皆
是禮失此則爲非禮其非禮處皆是己私索絆克去己私
使心所存主於視聽言動上皆合於禮便是復禮否曰然
如先王制事親事君之禮皆是天理之節文我以忠孝之
心去行此禮便是且此等禮甚有節文在若不考究何由

得知故在顏子夫子始以此告之

陳曰旦病危先生曰天不知怎麼將一箇善人使之至於如此又曰子明有弟作宰華亭有一友人欲爲求書學明不從此是他介處又嘗見一寺副慢之子明至發憤此是他猶處學者置些心於中亦可以爲學是夜深更一面兩處迎醫一面商議殯事且曰此時正急處復命詔往視之又曰能捱得達旦乎醫者得措手矣

問文王舍伯邑考而立武王夫子則以公儀仲子立孫爲是如何曰立嫡的事是常經文王舍伯邑考而立武王立德也堯舜之子苟可繼又何必尋取舜爲他人且立之況

其子乎惟子是丹朱商均故立德夫子所言立孫亦據其意
子孫不相上下者言之耳
少師奉子哭踊其責甚重少有不謹不如不文之爲愈諸
侯適天子及相見告奠祖禰俱互見
冠及期而廢者始聞內喪也未及期而復以喪服冠者既
聞喪後復冠也
問三賜不及車馬何以言孝曰孝子不欲以榮貴動其愛
親之心也其所稱之人辭愈遠愈密
天下大悅歸己而猶以不順親爲憂學者能體貼悅親順
親的心儘有病痛都無了

王朝問門內門外之喪如何先生曰門內只是同姓的若已之伯叔兄弟者門外只是異姓的以此推將去服在其中矣

先生曰曾子旣聞三年不弔于夫子矣檀弓記曾子弔子張事如何朝曰三年之喪稱情而立文其弟子張情有不能已者

先生曰看來當時曾子與子張雖是朋友其實有兄弟之義蓋以兄弟弔之也

朝問遼東人賀克恭者何如人先生曰此人名欽爲給事中曾與白沙講學知其道理遂解官去教其子只學耕事

不得讀書言讀書不養賫及滋驕僞後
朝廷欲用之彼以三事上其二謂僧寺教坊也竟不能用
蓋亦高人也
先生問曰堯舜之道何故只是孝弟朝對曰推其極非堯
舜不能先生曰此何待于推只徐行後長堯舜之道便在
於此在人若不降下其心還能善事父母兄長否須自用
間體察凡以賢智先人與夫意欲上人以至必欲行已之
志不肯承順父兄意則知人所以不及堯舜處只是箇疾
行先長而今欲學堯舜只是徐行後長
只知徐後的意思自安於其事故堯舜之道在此

問中庸先生曰看來只是箇誠明故唯天下至誠申自誠明謂之性其次致曲申自明誠謂之教至誠前知言誠則明也誠者自成言明則誠也至誠無息以下申言至誠之贊化育參天地也大哉聖人以下申致曲者之功夫也能有如是功夫則亦能贊化育矣故下遂言三重能斯道者其惟孔子乎故遂言孔子孔子誠明者也其下至聖至誠皆言誠明之事然必本之以下學故遂言下學

何城說高堅前後先生曰大畧亦窺測得幾分然顔子說箇仰鑽瞻忽四字道體固於是可見其用心之密亦可想矣語未終而先生以帖子付皂人城遽請問先生曰此便

此高堅前後處此便可仰鑽瞻忽也又曰自家固不當如
說爲不輩諜則善矣諸生起問先生曰此極簡易明白而
高堅前後之深微亦即在此故一時即可做得聖人一日
即可做得聖人但一時不放過一事不錯過則自成片段
學問矣

君子以朋友講習不徒講之而又習之也習即是行學者
能克己則自不尤人

涇野子内篇卷之十一

鷲峯東所語第十七

門人武昌吳光祖録

吳光祖問曰義利不明光祖嘗用意體貼爲力寔難請示切要先生曰此問甚好南軒無所爲而爲之言極精舜跖之分正在於此推之家國存亡天下理亂罔不由之如尚義者在位則所用皆義人所行皆義政天下無不治矣尚利者在位其弊可勝言哉然其初要在謹獨但於一言之發一事之動一財之臨就當審處不可有一毫適己自便之心久之自然純熟可以造於無所爲而爲矣昔舜飯糗茹草若將終身焉見義不見利之大節學者能甘貧儉約

不為利所動自無徃而非義又問曰今有人未純乎義欲矯強為之又恐近名柰何曰矯強為義有何不可但要內外如一苟其心未義外詐飭以為義便是好名了更當痛自懲艾

又問多有妄思先生曰還是不知止如中心的然惟向一處雖有旁岐別路終不能亂也思義理時纔思此又思彼是謂不專思義理又思外務是為不定然須識其輕重先後自不妄思也格致工夫不可一不盡

先生謂光祖曰孔子云吾嘗終日不食終夜不寢以思何

其勇也然猶曰不如學可見聖人雖生知亦須多識前言往行以蓄其德又曰以思者不知思的是甚沒可常思求之與朋友會講有益然不但講書一言一動無不用心講究

光祖問近來讀書多不能記先生曰如讀書將聖賢言語着意理會如以身處其事自爾終身不忘若徒泛然一一背誦寧有幾多精神

先生曰予癸未在會試場見一舉子對道學策欲將今之宗陸辨朱者誅其人焚其書甚有合于問目且經書論表俱可同事者欲取之予則謂之曰觀此人於今日迎合主司也曰出仕必知迎合權勢乃棄而不取因語門人曰凡

論前輩須求至當亦宜存厚不可率意妄語

光祖問曰光祖平日嘗靜觀人或起一善念後來即得福應起一惡念後來即得禍應若有鬼神司其間者感通之理信乎先生曰善道如周行大路坦坦平平行來行去雖覺紆遲終了安穩惡道如旁岐曲徑冒險行之不陷荊棘必墮阬塹此其所以危耳然爲善乃分内事禍福不必計也問坐久即有昏惰之氣欲因之而少息乎欲力勝之乎先生曰君子以嚮晦入宴息當息時亦不可不息不當息時要當立志求勝或取平日所愛古人言行觀之或與益友講論天下大務亦可以勝其昏惰之氣久之當自清明矣

自古國家多難之時小官死節誠爲可嘉至於宰相繫身殉國未足爲異當時致難者既由大人則今日一身之死安足以贖禍天下之罪李惟中云亦有好人于危急中存用者支治伯云臨時有殉國之忠平時必不忍於禍天下孔門教人全在偏處做工夫如敦朴者使之開通開通者使之敦朴蓋去其偏便趨於正矣

問危微精一如何曰心一也有人道之別者就其發處言之耳危微皆是不好的要看何謂危此心發在形氣上便蕩情鑿性喪身亡家無所不至故曰危何謂微徒守此義理之心不能擴充不發於四肢不見於事業但隱然於念

慮之間未甚顯明故曰微惟精是察二者之間不使混雜
惟一是形氣之所用者皆從道而出合爲一片當時有三
等人如巢許務光之流徒守道心專事高尚將謂必去其
飲食男女之欲而後可是爲太過而不知其微也又有一
等人饕餮驩兜之徒惟以飲食男女衣服聲色之欲爲形
氣之性是爲不及而不知其危也惟是貫串義理之心於
形氣之內方是爲中如人莫不衣食而衣中自有箇道故
先於此揭其中以示人千萬世不能改移
問曾子曰吾日三省吾身先儒云曾子大賢也尚一日三
省其身吾儕造詣不及曾子萬一當無所不用其省謝曰

如何曰此意雖好看來亦不知用功切要處且如天下道理莫大於爲臣忠爲子孝爲弟弟曾子之所省者畧不及此蓋此樣大頭腦處總都能無愧惟至於爲人謀等事則覺猶未能盡其心故極力自省蓋爲人謀是替人幹事不切於己似多有不着意者然非曾子不能省此今人爲學當省處固多然必尋己病痛深處克之乃能有得不然百孔千瘡茫然無下手處非切實之學

爲人謀忠曾子學之宏也友信傳習曾子學之毅也謂缺四倫師友在學信的傳的是甚宏則能體西銘信則信顏子故曰吾友習則習孔子故曰忠恕何其毅耶此三省孰

能他的

夫子於門人未有與之終日言者獨顏子能解得夫子意故夫子與之言終日不倦如他人多有不知夫子意向雖與之言未必盡合如子路聞正名便曰迂樊遲未達子貢信疑夫子又豈能強聒其所不知耶此正諺所謂話不投機一句多他日又曰語之而不惰者其回也與於此正見顏子能通聖人之意

伏羲在當時想是盡了那一世人的學問故又仰觀俯察以習其天地萬物之理反而配於一身以至於四體百骸五臟無不脗合故方能畫卦伏羲大聖並尚爾爲學況他人乎

孔子其次得於子思故曰譬如天地之無不持載云云此見
孔子就是天也四時當寒則寒當暑則暑何有一毫意必
固我之私乎始終條理總是論孔子之全然三子之偏各
自成一箇條理者亦自可見此聖知二字比上聖智二字
亦同此智字是孔子之智可以兼聖字此聖字是三子之
聖兼不得智字也蓋孔子之智知至而行亦至也三子之
聖聖雖至而智則有偏故所成就的聖亦偏如此說才見
取譬巧力之義亦以見始條理之知始而見終條理之
聖各自其小成處而至其極不能兼乎知也故樂之聖知
有大小射之聖知有偏正孔子之聖知大而正故三子不

能及

本泰問夜氣曰有夜氣有旦氣有晝氣晝氣之後有夜氣夜氣之後爲旦氣旦氣不牿於晝氣則充長矣孟子此言氣字卽有性字在蓋性何處尋只在氣上求但有本體與後於氣之別耳非謂性自性氣自氣也彼惻隱是性發出來的情也能惻隱便是氣做出來使無是氣則無是惻隱矣先儒喻氣猶舟也性猶人也氣載乎性猶舟之載乎人則分性氣爲二矣試着人于今何性不從氣發出來

本泰問性命曰人通把這箇口鼻耳目四肢之欲當做箇性君子則以爲有命不把此叫做箇性人通把後五者叫

其宜一家之人通九族而言如蓁蓁之葉無所不廕庇也
周禮仲春令會男女只是於此時下令使會男女以順天
時非必盡在此時嫁娶也
老泉論井田終行不得迂矣横渠欲買田一區自行井田
恐亦難只是當時他心上有不平處故欲為之欲行井田
如古之制必是創業之君乃可易曰雲雷屯君子以經綸
必欲是時而後可以有為也然又須思量整置設法備盡
使後世無所改易方為無弊若繼世之君此法如何行得
必也其均田乎均田即仲舒限田此法甚好其次唐口分
世業法亦善廉吏舉行者少此朝廷之法所以難行

柳本泰問格君心之非先生曰格字最廣隨其君意發動向着處即有以預防之不拘何事但將萌之欲就是如舜曰威之禹就說帝光天之下等語就是杜其用威之念極而論之則如伊尹見太甲不能變乃放之桐宮使之思法乃祖處仁遷義亦皆是格君心處大抵不可拘泥一方

本泰問伊尹先生曰耕莘一言伊尹隱處之時所守如此只是一箇義後言伊尹既出之時所任如此只是一箇仁然必有所守之義而後有所任之仁此正所謂人有不爲而後可以有爲皆是決伊尹無辱已要君之事

或問孔子聖之時先生曰亦是四時之時此見孟子善言

◎

原書缺頁

原書缺頁

做箇命君子則以爲有性不把此叫做箇命蓋前命字正與後性字同前之曰性也後之曰命也都不是孟子自家說作性說作命乃是當時之見如告子以食色爲性便是以前五者爲性也

朱永年問莫我知者何先告曰若是尤人者或與人辯是非若是怨天者或有讁天之言人便知道他意向所在聖人既不知如此人從何處窺測其幽隱之際唯此天知之耳又曰只說不尤人怨天不說下學上達恰似說至命不盡性只說下學上達不說不尤人怨天恰似說盡性不至命默而識之不言而信存乎德行與此互相發明

戰國時人君只見目前之利故孟子與他說能仁義則不遺親不後君未嘗不利也若與賢哲言不消如此道

永年問先儒云乾卦六爻有隱顯而無淺深先生曰亦有淺深初行而未成二學聚問辯三因時而惕四猶有疑至九五始與天地合德如此看豈無淺深

射有射禮射義矣御惟曲禮中有數段尚可考見古人御之之法學者取而觀之亦可以得執御之旨

問諸生看孟子當路于齊有何契合處涇威對以管仲曾西之所不爲先生曰亦是如此便見孔門取人只看心地上如何如其心地上有可疑雖管仲之功業也不筭文問

夫子許管仲以仁而孟子乃復鄙之或以孟子黜霸功爲
言先生笑曰孔子豈不黜霸功蓋夫子當日之言爲子路
發耳使子路知此後必無孔悝之難矣
永年問配義與道先生曰言此氣是搭合着道義說不然
則見富貴也動見貧賤也動而餒矣又問孟子不及孔子
者在何處先生曰只這說浩然之氣便是不及孔子處孔
子何嘗無浩然之氣却不如此說與天地合德矣又何須
說塞乎
問近讀大禹謨得其意思且不要說堯舜是一箇至聖的
帝王我是一箇書生學他不得只這不虐無告不廢困窮

日用甚切如今人地步稍高者遇一人地步稍低者便不禮他雖有善亦不取他即是虐無告廢困窮

有問知行合一者先生曰爾如此閑講合一不合一畢竟於汝身心上有何益不若且就汝未知者窮究將去已明白者儘力量行去後面庶有得處

先生曰曾子曰彼以其富我以吾仁彼以其爵我以吾義以今學者觀之似不當如此說不知還不欲如此說抑是氣歉不敢如此說陶克諧曰還是氣歉先生曰雖然欲連此語不道方是孔子也

皐陶說九德皆就氣質行事上說至商周始有禮義性命

之名宋人却專言性命謂之道學指行事爲麄迹不知何
也
一日先生同諸公送一人行有一人方講格物致知之說其時甚渴適有茶至此人遂不遜諸公先取茶飲先生曰格物正在此茶
一生問曰某近爲人所誣然實無干當何以處先生曰汝於此事雖無干必是平日與他有些話說或平日處鄉猶有少欠缺處此須看德感動他方好若能如此而被誣却是箇無妄之災只須泰然處之頃間又問顏子雖欲從之末由也已是如何景象先生曰只汝纔所問的便可看此景

家某思之未得先生曰如桓魋之禍則曰天生德於予公伯寮愬子路則曰道之興廢命也孔子自家便說他已是天了已是道了着顏子如何樣從他今人如何敢自家說是箇天自家說是箇道非是說謙實是無據故也如子畏於匡夫子曰吾以汝爲死矣顏子說子在回何敢死看他如此說若不在則死矣把箇死告只問箇是與非多少從容含蓄我們只如今要學他須是要常使此心對得天地日月鬼神則事變之來無所憂患無所恐懼矣問東漢人亦能輕生緣何又不是道曰東漢人只是硬要死幾時有孔顏如此從容分明來

程默說今年禮部題奏欲變文體欲以成化弘治間程文
爲法先生曰此亦未盡然
本朝這程文最是卑弱軟熟的成化弘治間亦然若以此
爲主則取的皆是那會說卑弱軟熟話的人了如此等人
他日立朝別人說長他也說長別人說短他也說短幹得
甚事須是取那有見識有氣魄的他日方會做得些事五
經不可尚已如陸劉的封事董賈的對策這等樣文字方
好也
有巨臣入京別先生將出門過屏風語先生曰我若得用
必要大用先生先生曰執事記得橫渠有箇言語否執事

苟與人爲善孰不願在下風若不然士有遠于千里之外
者矣其人默然

先生一日謂永年曰人皆把易經與正蒙太極圖看做箇極難的以其着却是箇易的蓋聖賢恐人不知所以爲人的道理說人是天地生出來底故指天地與人說你試着天天是如此你試着地地是如此人若不如此便與天地不相似矣以此看豈不是易事可做得

問易中先儒以某卦自某卦變來某爻自某爻變來恐非聖人之意乎曰聖人何嘗有此意蓋易原非爲卜筮作不過假象說明天地間道理使人知吉凶消長之理進退存

亡之道爾朱子曰有伏羲的易有文王的易有周公的易有孔子的易有程子的易豈有此理夫程子不過是說孔子的孔子不過是說周公的周公不過是說文王的文王不過是說伏羲的其易一也

孫子內篇卷之十二終

涇野子內篇卷之十三

鷲峯東所語第十八　　門人休寧汪威錄

汪威問衣服之制先生曰古人制物無不寓一箇道理如制冠則有冠的道理制衣服則有衣服的道理制鞋履則有鞋履的道理人服此而思其理則邪僻之心無自而入故曰衣有深衣其意深遠履有絇綦以爲行戒故夫子曰立則見其參於前在輿則見其倚於衡諸生今日之學雖一衣鮮結亦要存箇念頭務時時有所見方可謂滿目皆忠信篤敬也

東郭子曰今之爲學如扶醉漢扶得一邊倒了一邊先生

曰醉漢還容易扶兩邊扶住則不倒若此心倒了却是難
扶
先生謂諸生曰學者須要自信不可先有疑心若此心有
三還不當作學如天地不言而四時行萬物生者只是
一箇信千乘之國不信其盟而信子路之一言蓋素孚於
人若學者能做成一箇信的工夫則德無不立矣故曰默
而識之不言而信存乎德行
何廷仁言陽明子以良知教人於學者甚有益先生曰此
是渾淪的說話若聖人教人則不如是人之資質有高下
工夫有生熟學問有淺深不可槩以此語之是以聖人教

人或因人病處說或因人不足處說或因人學術有偏處
說未嘗執定一言至於立成法詔後世則曰格物致知博學
於文約之以禮蓋渾淪之言可以立法不可因人而施
何廷仁言南太守去官時全不介意次日就與朋友往還
飲酒先生曰此亦是難處若不着情更佳
有做官之憂者則有去官之憂無做官之憂者故無去官
之憂天理人欲同行異情若全不着情則孟子去齊不豫
色非矣
何廷仁言今人說學不必講此亦不是如好舉業的相見
則就說文章爲商賈的相見則就說貨物皆終日不厭如

何說學不要講先生曰舉業與學本無二道如塲中七箇題目皆是聖人揑言人做將出來的又比是發聖人之精蘊皆是為堯舜為周孔的說話舉業如何不是學但在人躬行體驗耳若將舉業與商賈對說亦〻可

何廷仁言程子張子之心無此〻物我之間如張子方與弟子說易聞程子到善講易即撤臯比使弟子從程子講易程子方與弟子論主敬之道見張子西銘則曰某無此筆力可見二子之心甚公先生曰此正是道學之正脉如孔門之問荅虞廷之告語皆是此氣象可見古人之學絕無物我之私他如朱陸之辯不免以己說相勝以此學者不

可執己見
或問朱子以誠意正心告君如何曰雖是正道亦未盡善人君生長深宮一下手就叫他做這樣工夫他如何做得我言如何能入得須是或從他偏處一說或從他明處一說或從他好處一說然後以此告之則其言可入若一次聘來也執定此言二次三次聘來也執定此言如何教此言能入得告君須要有一箇活法如孟子不拒人君之好色好貨便是

先生曰章楓山先生甚好致仕在家時甚清貧自處三間小房前面待客後面自居家中子弟甚率他教有漢儒躬

行之風先生諱懋字德懋浙江蘭溪人
門人告歸省先生曰人居家中須要二三同志者相處方能幹得事業同志不專在於文學凡篤實純厚者便有琢磨去處道便自此行也
問慎獨工夫曰此只在於心上做如心有偏處如好慾處如好勝處但凡念慮不在天理處人不能知而己所獨知此處當要知謹自省即便克去若從此漸漸積累至於極處自能勃然上進雖博厚高明皆自此積
東郭子曰鄉黨一篇先儒謂分明畫出一箇聖人此言甚是只是精神命脉處未曾畫得出先生曰如君在而踧踖

出降等而怡怡之類非精神命脉而何大抵看此篇書當要知其周旋中禮處東郭子曰然

先生嘆曰自古聖人第一是舜遭人倫之變而皆能化之可見舜爲善的心無一息之間

問學不可不講曰若徒取辯於口而不躬行也無用如今曰看某句書於心未穩當行某事心有未慊須是與朋友相講明然後纔得的當纔得自慊即可坦然行之無疑可見學要講明做去

問存心之說曰人於凡事皆當存一箇心如事父母事兄長不待言矣雖處卑幼則存處卑幼之心處朋友則存處

朋友之心至於外邊處主人亦當存處主人之心以至奴僕亦要存一點心處之皆不可忽畧只如此便可下學上達

易之理只是變易以生物故君子變易以生民〇

問張子說合虛與氣有性之名曰觀合字似還分理氣為二亦有病終不如孔孟言性之善如說天命之謂性何等是好理氣非二物若無此氣理却安在何處故易言一陰一陽之謂道

先生講畢謂諸生曰學須待一人問畢各人將某所言者潛思體驗過然後更端再問方有所得若不思索不待問畢而又發問只是漫然

一夜月下因論至科道之官先生曰今之科道皆非古制科所以諫君凡君言行有失就封駁諫諍所以謂之給事中道者凡內外官有失他就劾論二官之職實不同今開口便以二者並言皆不是甚者猶使科道查盤錢糧等務尤非也

章詔曰諸生在門下然不免有過差願聞之使得自改先生曰宣之學行儘高只是還隱些當要寬大主朝曰近來常覺得有過曰覺得也是好只是改之為貴謂廷欽曰你近來事多不似去年將經書來問時節非同志之友亦少往來不免誤却自家工夫所損非細感請問其過曰你亦

謹守亦知要覓大方好沐請開過曰你且言志何如何沐曰近來人事亦絕了十日未曾出門曰這也好還是要立定志不論十日也永年曰自覺狹隘只是不能改曰既知狹隘卻不可安於此

先生謂諸生曰昨夜寢時各人所思何事試爲我一言標對曰生想程子說上天之載無聲無臭其體則謂之易其理則謂之道其用則謂之神其命於人則謂之性率性則謂之道修道則謂之教此何謂也先生曰此因人以見天也又曰形而上爲道形而下爲器須着如此說器亦道道亦器此又何謂也先生曰上二句是易言似分開了下二

句是程說見道器非二也沐對曰思只天理人欲曰此猶是
一句渾淪話似尚未用工也呉光祖對曰生昨夜想家事
於父母上更切先生曰實亦人情之常想父母自是好還
要所想處直使父母至於千百年尤好此工夫却在自家
身上着緊修身慎行則所以孝父母者至矣章詔對曰生
常想偏隘處要克去曰能知弘大則偏隘自去王朝對曰
生作晩誦先生贈何栢齋文想要不變恐猶未能大器對
曰生想進德修業工夫比博文約禮更切先生曰一般也
曹廷欽對曰程子言人之於人當於有過中求無過不當
於無過中求有過生想要以此處友先生曰不可以此自

處威對曰程子說苟非自暴自棄豈不可與爲君子威誦此言不敢暴棄先生曰此意思亦好然觀諸生所言皆知切己用工只是要不已方能有進不可徒想而已

章詔問程子所謂大其心胸其工夫是克己否先生曰克己亦是更看西銘始西銘言弘之道如人心不大雖一家兄弟長幼宗族鄉里亦分一箇彼此何况於天下惟大其心則聖賢與鰥寡皆吾兄弟何有一毫之間故曰仁者以天地萬物爲一體

戴彝問申生待烹未得爲盡善先生曰我送林基學有言顏子以一簞食供親而親不以爲薄以一瓢飲供親而

親不以爲菲是以顏子能樂亦由顏子能諭親於道故能如此然則申生平日諭親於道處亦恐未如舜乎汪三山即曰申生之生未盡善其死亦未盡善先生却曰今只且取其恭耳

先生謂諸生曰做工夫當思二程先生接人何如處己何如濂溪橫渠接人何如處己何如又上思孔門諸賢接人何如處己何如以此思擬不已則其進無窮蓋有標準自不妄動也

人性皆善或有隱於田畝者有隱於商賈者甚至有隱於雜流者但無人化之耳使用人化之皆可進於道而不廢

故欲諸友到處以善誘人除却下愚則不能

問周勃霍光優劣先生曰霍光縱妻邪謀不及周勃遠甚

或問先儒謂人臣當以王陵爲正使人人皆如王陵呂氏之變可無否先生曰安得人人如王陵所謂當以爲正者以王陵能盡其在己者耳

東郭子曰橫渠以禮爲教乃是聖門的傳先生曰然禮自有許多儀文度數役人放心不可不知當時門人若呂與叔蘇季明范育輩皆得其教其餘不能也此學至今傳者少矣

東郭子曰講學甚難若教人專治内則文恐人務於虛寂

若教人專治外則又恐人務於偽爲先生曰惟說專治內專治外此其所以爲難也故精義所以致用安身所以崇德東郭子曰我因此病知得保守進得些學先生笑曰因病也能進學則可若謂學必因病而進則人必皆病而後可以進學乎東郭子曰因病省了許多人事故可進學先生曰接人事亦自有一番新意可進學也東郭子曰然大抵人與其有病而善治不若無病可治還好然無病可治在乎謹之於始故聖人曰蒙以養正今皆是蒙以養正工夫少了今日不得不保守先生曰古人謂往者不可諫來者猶可追然今日又爲後日之源今日之保守又爲後日之

益東郭子笑曰在前者求之果無益求自今日始是也東郭子曰聖賢論學只是一箇意思如修己以敬一句盡之矣如曰戒慎乎其所不睹恐懼乎其所不聞此敬也如曰出門如見大賓使民如承大祭亦敬也如曰戰戰兢兢如臨深淵如履薄冰亦敬也我看起來只是一箇修己以敬工夫先生曰脩己以敬固是然其中還有格物致知誠意正心許多的工夫此一言是渾淪的説不能便盡得東郭子曰然則脩己以敬可包得格物致知誠意正心否先生曰也包得然必格物致知然後能知戒慎恐懼耳東郭子曰這却不是人能脩己以敬則以之格物而物格以之

致知而知致以之誠意而意誠不是先格物致知而後能
戒慎恐懼也先生曰脩已以敬如云以敬脩已也脩字中
却有工夫如用敬以格物致知用敬以誠意正心是如此
說非謂先敬而後以之格物云云也東郭子曰不同處却
差這些子先生曰今夜必要講同了君嘗謂知便是行向日
登樓云不至樓上則不見樓上之物東郭子曰非謂知便
是行但知便要行耳如知戒慎就要戒慎知恐懼就要
恐懼知行不相離之謂也先生曰若如此說則格致固在
戒慎之先矣故必先知而後行也東郭子曰聖人原未曾
說知只是說行行得方算得知譬如做樓須是做了樓纔

曉得擅譬如做衣服須是做了纔曉得衣服若不曾做如何曉得此所以必行得方算作知先生曰謂行了然後算作知亦是但做衣服若不先問衿多少尺寸領多少尺寸衿是如何縫領是如何縫却不錯做了也必先逐一問知過然後方曉得縫做此却是要知先也東郭子猶未然東郭子曰聖人教人只是一箇行如博學之審問之慎思之明辯之皆是行也篤行之者行此數者不已是也就如篤恭而天下平之篤先生曰這却不是聖人言學字有專以知言者有兼知行言者如學而時習之之學字則兼言之若博學之對篤行之而言分明只是知如何是行如好

學近乎智力行近乎仁亦如是此篤恭之篤如云到博厚而無一毫人欲之私之類若篤行之篤即篤志努力之類如何相比得大博學分明是格物致知的工夫如何是行東郭子曰大抵聖人言一學字則皆是行非是知知及之仁不能守之及之亦是行如日月至焉至字便是一般守之是守其及之者常不失也如孔門子路之徒是知及之者如顏子三月不違則是仁能守之者先生曰知及之分明只是知仁守之纔是行如何將知及亦為行乎真孚之所未曉也

先生曰東郭言博學是行試言其詳何如東郭子曰知敬

以事親則事親之物格敬以事兄則事兄之物格物格即是物正如此就是博學先生曰此於博學字面甚無相干夫事親中間有溫清定省出告反面疾痛疴癢而敬抑搔之出入則或先或後而敬扶持之自有許多節目皆無所不學然後為博東郭子曰人子果有敬存於中則外面自有許多的事且如敬以搔之敬以扶持之皆由有敬於中故能如此先生曰敬抑搔敬扶持是用恁敬抑搔用敬扶持也東郭子曰用字却不是孝子之有深愛者必有和氣有和氣者必有愉色有愉色者必有婉容自然能得許多節目先生曰深愛言却好然未能如此者必敬搔敬扶持之

却是學故格物、遺只是窮理若作正物我却不能識也東郭子曰程子曰窮理亦可作致知看如何以格物爲窮理先生曰此言程子或者有爲而發若不窮理將不至於冥行奓乎

東郭子曰萬物皆備於我朱註甚解得好先生曰此章當與西銘並看東郭子曰然我亦嘗謂當相並看于時保之子之翼也乃賢者之事即強恕而行求仁莫近焉意樂且不憂純乎孝者也乃聖人之事即反身而誠樂莫大焉意

先生曰然但人皆做工夫要尋路途使不迷耳

東郭子曰程子謂大學乃孔氏之遺書謂之遺書正謂其言相似也然聖人未嘗言知若以格物爲窮理則與聖言

不相似何以謂之遺書先生曰謂之遺書者指理而言非謂其言相似也且曰聖人未嘗言知甚嘗專某也愚只將格物作窮理先後知止致知起夫知止致知首言之而曰未嘗言知何也

東郭子曰我初與陽明先生講格物致知亦不肯信後來自家將論孟學庸之言各相比擬過來然後方信陽明之言先生曰君初亦不信陽明後將聖人之言比擬過方信此却喚做甚麼莫云不是窮理否東郭子笑而不對

東郭子曰知至至之可與幾也知終終之可與存義也此二句進德居業俱有非德屬至業屬終若如此相為何以

二句俱加以知字先生曰還分屬爲是蓋其上元明白分開矣東郭子曰見于中爲德見於外爲業未有無德而有業者德業相離不得先生曰如此說也是但不分屬至與終則不可此說却甚長能解此便達天德王道
東郭子曰夫子曰吾與回言終日不違如愚退而省其私亦足以發可見諸弟子不足以發而顏子亦足以發同領夫子之言衆弟子違之惟顏子在夫子面前也是這般體認不在夫子面前也是這般體認無些ゝ間斷所以曰亦足以發先生曰謂衆弟子違之亦不是此與顏子言也東郭子曰聖人之言學者皆得聞只是人領畧有不同如一貫之

傳衆人非不聞唯曾子能唯之而門人則曰何謂也又如
子貢言夫子之言性與天道不可得而聞也謂之言性與
天道則非默然矣而子貢言其不可得而聞非真不可得
聞也聞之而不能解則是不聞非聖人有與言有不與言也
先生曰此固是但謂衆弟子不足以發似亦未必盡然蓋夫子
有不可與言者有欲無言者有與終日言者自有多少等級
先生曰致思之功甚大書曰思曰睿睿作聖睿是通乎微
能通乎微而造至熟處便是聖人今人都不曾思看書時
或致一思聽教時或致一思無是靜處之時多不致思人
能常常致思擴充天理出來自然上往

先生曰人之生不幸不聞過夫子亦以知過爲幸聖人心地平易有過隨人去說人亦爭去說他的過是以得知真以爲幸今人所以不聞過如何只是訑訑聲音顏色拒人於千里之外有過人亦不肯說與他是以成其過學者貴乎使人肯言己的過便是學問長進

先生曰汝輩做工夫須要有柄欛然後纔把捉得住不然鮮不倒了的故扠手不定便撒擺立脚不定便那移

先生曰學者必是有定守然後不好的事不能來就我易曰鼎有實我仇有疾不我能即吉若我無實則這不好的事皆竒以來即我也

威問禮謂天地之祭越紼而行事程子謂越紼猶在殯宮此事難行只消使宰相攝耳子厚又曰父在為母喪則不敢以喪服見其父況天子為父之喪而可以事上帝不如無祭此三說如何先生曰祭時是天子三年之喪則宰相亦有三年之喪矣就是天子可祭不必使攝也天子事天地雖是天子的父亦是天地所生也亦難比天地矣如何不祭子厚之言又是一說古者父在為母齊衰期年是以不敢見父如今父母皆是斬衰三年喪服亦可見父不必拘泥本泰曰領先生之教固多此回再求一言見教先生曰我平日所言的但不要變了就是如隨所在化人然後我的

言語才有着實
先生曰汝輩違了父母違了妻子違了親戚鄉黨到這裡
爲學須是勇猛前進見諸言行換一箇好人纔不負了初
心歸見父母鄉黨亦自悅樂
先生謂威曰鄧子華甚甘清苦昨日教汝輩送他非是徒
送耳觀他動靜行李以驗之於已便是學也
先生曰學者存誠工夫只是要不息能一夜不息則一夜
之聖人能一日不息則一日之聖人若常常不息則常常
是聖人若息則便走入夷狄矣
威問李延平之學甚精密先生曰這箇先生的工夫甚大

盖全在仁上作功於克己復禮喜怒哀樂未發之前體認如朱先生却稍不似他朱先生的意思便要窮盡天下物理便要讀盡天下書故如今有許多註釋看起來雖不必如此然當時却不得程門那樣人講論故不得不然歲曰如今學者一箇人恰似兩箇人對師友是一樣獨處又是一樣須如程子所謂不欺暗室纔好先生曰此便是慎獨須要使為一箇人因舉邵子不欺暗室詩

永年問邵子此等言語儘是切實程子如何說他不知學曰程子此言也說得太快不學如何到得此又問先生抄釋謂邵子學非聖人如何曰聖人之心無適莫邵子却倚

在數上去了且聖人教人爲善雖愚的也要他明雖柔的也要他強邵子則筭定一箇吉凶在那裡人皆謂吉凶有定數誰肯去爲善所以謂他學非聖人

先生曰今日爲學須是把一切富貴雜事都斬斷了一心只是爲學然後有進今人皆被這事纏繞了如何得好然斬斷了也甚難非是至剛的人不能故曰聖人吾未見剛者

先生謂威輩曰我昨過碧峯寺有箇天通是好僧來見有鬚鬢髮戴着道冠穿着僧衣我問他你有鬚鬢髮是箇道人如何在寺中住對說貧道有病因此長髮我問你是僧如何稱貧道他說三教只是一箇道我沒有這箇道所以稱貧

道依你這般說若使箇秀才亦稱貧道可乎曰秀才是聖
人之徒又不可如此且你在此做甚麼工夫對說念佛求
心問你這心也還有熱時曰我如今三十年此心不熱了
問如何樣冷心對說絕了一切世務便是因說也似吾儒
沒有私欲一般你能一夜絕了就是一夜的佛一日絕了
就是一日的佛只是要常常如此少頃他說我到這裡嘗
諸公卿皆來看我昨日有都堂老爹到這裡我初不識及
起身時看是花金帶纔曉得甚驚訝怠慢他我說你這
般說心却又熱了了雖是金帶也看不見纔是也天通臉皆
發赤看來這僧還不曾定人心有些些夾雜明得盡的纔着

破了少頃他說金子是砂石中分別出來的玉是頑石中分別出來的君子是小人中分別出來的我說你這話又差了金子初不曾說我是金他是沙石玉初不曾說我是玉他是頑石君子初也不曾說我是君子他是小人若自家如此分別却又小了且如舜當初耕于歷山時與那等人皆是一般何嘗分別他說我是聖人天通又喜白佛家說揭蓋今老爹與我揭蓋了留茶餅餘的與手下人我說你還有這箇心他說有這箇心便有這箇情我說你自後公卿來看你的再不要說他纔冷得心也應允問告子不動心也是冷心否曰這是強制其心他是窮滅其心還不

同此永年問心畢竟可冷得否曰這心惟恐他不生不熾如何要冷如私心慾心躁心驕心這樣的心要冷他孟子那不動心邵子收天下春歸之肺腑却要學須要必有事焉而勿忘然後可

一不同孟子之處墨者夷之二不同程子欲斬放光佛頭來觀既見又何以與他揭盖以濟其術

涇野子内篇卷之十三

光祖問曰禹貢所載九州田賦上上者今反爲下下下
者今反爲上上如雍冀豫不如揚荆是也豈風氣有遷轉
邪先生曰風氣遷轉雖亦有之但堯之時禹治洪水既平
西北最高故水初落時田壤方沃饒是以田賦爲上而荆
揚一帶地勢卑淤水盡淤淺故其土爲泥塗財賦不及至
後來水既歸壑流行日下地之高者無所潤澤故西北之
土多乾枯甚至深掘猶未見泉而東南田壤猶禹時之西
北是以其産勝也此皆土地因水勢高下而有肥磽不專
委之風氣遷轉人事勤惰也田下而賦上田上而賦下據
一時言之賦不止田中所如山林川澤之財皆是故總計

之爲上爲下也如此方不與田等相遠孔氏言田下賦上人功脩田上賦下人力廢亦未爲得

讀詩當着小序如桃夭詩朱子引周禮仲春令會男女以二月婚嫁爲婚姻以時且如桃開花時已過二月了至於有蕡其實則是五六月天氣如何猶謂之仲春殊不知詩人作詩只是取意如言桃之夭夭見嫩小之桃方有好花實若木既老則不能矣若以比方男女少壯正婚姻以時也至於各章都有取意首章灼灼其華與男女少艾宜其室家就男女配合言也二章有蕡其實與其既嫁而生育有子宜其家室就其所生子孫言也三章其葉蓁蓁又與

涇野子內篇卷之十四

鷲峯東所語第十九　　門人武陵劉邦儒錄

劉邦儒一日見先生於柳灣精舍適一友持春池卷求題先生題畢謂邦儒曰吾輩胸中不可不常見此景象問曰何也曰見此則滿目生意盎然活水流動無滯矣又問何以能見得曰只是收放心

邦儒歸省武陵先生太書志伊學顏見賜因請教先生曰我的意思盡在這四字上此回能做得顏子安貧樂道功夫不患不能爲伊尹之堯舜君民事業矣

邦儒撥歷後來見先生曰連日大風雪中歷事意思如何

曰此等處雖是辛苦亦未敢怨尤但衙門中禮體太嚴頗覺未安耳先生曰你這衙門與國子監署有不同一切禮貌固有舊規至於太過處也要自家斟酌夫禮因人情時事而爲之節文者也不可只按着舊本能得於此雖他日禮讓爲國亦不外是

邦儒居鷲峰寺中有一鄉縉紳携酒至寺飲同鄉諸友次日見先生先生曰昨日所講論者何事對曰講時政及圍棋耳曰汝曾圍棋否對曰未也第旁觀之曰就不能止之乎對曰於時亦難處因請教曰汝何不曰鄉先生枉顧吾輩吾輩正欲求教若只圍棋恐無開教之時是拒吾輩也

如此答来人已皆受益

邦儒問臨事優柔不斷如何曰此只是見理未真耳若知理已真而又不斷者非因循隱忍必利害是非怵其中也

象先問朋友相聚時言語固當長幼相遜但說道理有未安處當如何先生曰人有說得是處便要虛心取了他的有不是處也要與他講幾句使此心無一些子芥蔕方好若一拘着長幼之序聖賢之道便不得明了且其設心便有有所為而不言有所為而言先已離却道又何講耶因年之長幼為言之闇促亦可

先生語及中庸尊德性道問學的工夫象先因問失記前

日所講溫故知新敦厚崇禮處請再發明先生曰我當講論時也只隨人所問而答初未嘗有個安排的意思故講後多忘卻此在你諸生自思之不可效我少溫故工夫也

有一相知見先生言二友因爭取書抄至失和氣先生謂之曰試問所抄書中有此事否且何不出一言以箴規之對曰惟至人能受盡言曰你先做了箇至人亦自可使人受盡言矣

邪儒問近日朋友講及大學每欲貫誠意於格致之前蓋謂以誠意去格物自無有不得其理者如何先生曰格致誠正雖是一時一串的工夫其間自有這些節次且如佛

氏寂滅老子清淨切切然惟恐做那仙佛不成其意可謂誠矣然大差至於如此正爲無格致之功故也但格致之時固不可不着實去做格致之後誠意一段工夫亦自不可闕也

王貴問人之過各於其黨先生嘆曰堯舜之仁止於一世夫子之仁至於萬世就在人之過裏面也要看出個仁來文中子曰天子於我有罔極之恩誠哉斯言也吾輩見人有過須要如此看他方是金瀚曰周公之縱兄孔子之爲君諱想亦是過中之仁先生曰也是程子亦常說來君子於人當於有過中求無過不當於無過中求有過有過無大觀過知仁

黃容問朝聞道夕死可矣聞道如此之速乎先生曰這聞
字不可輕看過了以前不知用過多功夫到此方有　所
得故當死之時無有遺恨孔子夢奠兩楹曾子易簀而斃
看他是何等氣象

先生一日訪一相知守門吏以未起辭先生猶進至堂見
其人方與諸友講學先生曰以吾子門下吏亦有說謊者
乎其人爲起謝先生因問此宅子這等深邃却是好講學
對曰只是與堂上先生相鄰耳先生曰相鄰夫何傷對曰
也是某早晚間亦頗有戒慎的意先生曰不意吾子戒慎
之功乃賴堂上先生而後有也其人及諸友皆大笑歸語

邦儒曰惟聖人能不賴勇而裕如
邦儒問漢武帝立弗陵殺鉤弋夫人何如先生曰立子殺
母固不可爲訓但也要看他時勢如何武帝於鉤弋夫人
素所寵愛者相處非一朝一夕想必見他性情行事隱然
有恣横之勢後不可制故不得已而殺之處之雖至太過
武帝當日之心實亦未易窺測然或因事激怒而殺亦未
可知又問人主嚴立家法使母后不得預政似亦無不可
者曰若逢着子少母壯淫縱恣横以干國政誰得而禁之
不見唐之武后乎太宗一未能處遂至子孫幾無噍類之
禍故明主以天下爲大一室爲小又曰若有文王刑于寡

妻手段則不至如此矣

先生曰汝輩今日在此講論不消拘拘於經史上即如今日用應接上下或言語衣服却都是學故當時曾子子夏講論時常說今日某人行冠禮差又說某人行喪禮差一一在這上面考究今人說及此便以為粗迹了此等處講得既明却就要下手去做若有一等人所講者是一樣看他穿的衣服住的房屋又是一樣這便不可信他若所講者如此着的衣服住的房屋也是如此這箇人一向這等去何患不成

邦儒問蘇武使匈奴海上十九年百般苦醜都能甘得如

何有娶胡婦生胡兒之事先生曰此亦是外傳所紀否
邊信且看他當時匈奴再三欲以長公主妻他他終不肯
屈則此等事斷然可知其無縱有之亦不害其爲武也
邦儒問程子曰漢儒近似者三人董仲舒毛萇楊雄夫萇
視仲舒已不敢望矣子雲何足道曰法言太玄其言似亦
有可取者耳但身已失矣言辭說他怎的
邦儒問嶲不疑爲京兆每出平獄歸其母輒問之所出多
則喜少則憂至於廢食此等處胡孺道曾說當諭母於道
何如先生曰也不得如此若屈法以慰母恐亦非天討矣
象先問宋太祖收藩鎮先儒以爲趙韓王有仁者之功竊

謂宋室後來削弱或基於此先生曰宋室削弱原不在此
蓋由丁謂王欽若王安石呂惠卿韓賈秦蔡諸人壞之耳
詩云人亦有言顛沛之揭枝葉未有害本實先撥當時如
司馬光程正叔朱光廷等皆一時稱賢顧乃目以爲黨刻
石國門雖石工心知其非不忍鐫名諸君亦不肯從用舍
顛倒如此何得不亡易曰明出地上晉康侯錫馬蕃庶晝
日三接明入地中明夷垂其翼君子于行三日不食是國
之明暗存亡由於賢才之用舍象先曰不知當時怎麼有
許多不好的人接踵而出先生曰此亦是氣數使然如天
之元氣春時便有和煖的意思到秋來便有淒涼的意思

問先生論政常歸諸人事此言氣數者何也曰人事不脩於先吾末如之何也已矣詩不云天實爲之謂之何哉又曰誰生厲階至今爲梗

宋太祖國初就不曾得人賢相趙普全以私恩爲之其能藩鎮石守信等兵權尤爲宋基禍之大者以湯武漢高祖唐太宗用人較之自見其用人雖遼亦不及

何堅始見於先生問學曰立志又問看書患心未定如何曰凡心有擾亂且拚卷靜坐熟思古人作用處乃可言定耳他日聞隣有掾吏爲絃管者始聽之甚惡已而漸喜既聞教後聽之復大懼其非如何先生曰也還是此心未定凡

學即於紛華雜擾中求得靜定方好且如禪僧在深山野谷修行此心亦能收斂或至城市見紛華即能移其念遇雜擾即亂其中蓋由不能於動處求靜也吾輩做工要識得此意

先生曰汲黯內多慾而外施仁義之語極有力量閱史者多忽之設以身處其地始見其難耳然於此亦可見武帝納諫

堅歸省復謁先生曰叔防登科後有來書云何對曰方慮作宦甚難耳徇時則舍所學欲行其學則又不免於禍曰子何以言答之堅曰君子處世唯是道之得行與不得行不慮其禍之至與不至也遵道而行以獲罪君子則謂之

福遠道以苟禄人皆知禄之榮也君子猶以爲禍先生曰雖是如此然中間多少斟酌前所言致曲工夫此處正可用也

先生曰舜之好問好察正爲不得民之中處耳堅問生輩不能好問好察病源安在曰此問甚善但就於不能虛自考便是病源堅曰多是好高自是不能下人曰此猶是第二着還是不知也苟能知舜之欲並生哉之心則自不容於不問不察

先生曰不睹不聞與隱微一也皆是慎獨工夫堅問延平先生觀喜怒哀樂未發氣象何如做功先生曰子知不睹不聞即是隱微則知喜怒哀樂未發之氣象矣堅未達先

生曰語未終而問更端又安能觀未發也已而備論涵養用敬之說堅退而懼曰侍於君子有三愆今其一也

先生謂後世爲政當以轉移風俗爲急善人進則風俗自淳風俗淳則天下百姓陰受其福而人不知漢徵孝廉亦得此意蓋去古未遠也堅曰此亦近王道否曰然或有言及邊事者先生曰漢法甚善邊寇爲患一郡守是以拒之若廉范雲中是也或曰方今之患莫大於此曰此特一有司之事耳爲今大患恐或不然詔又問之先生未答既而曰此時只宜講學耳

漢接周秦夷心不似後來知中國之悉自劉敬和親歲致

金緒絲縷又通關市故夷心欲得中華美麗日熾故其勢必至于元而後已也若知古中國自中國夷狄自夷狄邊鄙自當無事故一郡守可支也

或問中庸甚簡易何以不可能先生曰唯簡易故不可能

堅久病先生遣使者數問僧舍紛擾喧笑卧不成寢偶思先生求靜於動之教久之心定愈於未病之時矣竊意其有病而忘之也及病愈心反不及病時收斂因往謝先生而請問曰堅每見先生時私意盡釋此心自然靜定及退未免私意復萌何如先生曰正要在此時做工雖無師保如臨父母今汝所言是進見時一箇心退後又一箇心也

知覺有問斷時或於良友處講學亦爲攝伏身心之功堅忽得一美服尚未能覺其非也適一友語及冠服之麗即正色言之使之改既而自反尚不能克去此病前思遂中止是日聽講又聞先生巧言令色鮮仁章不覺驚汗失措先生曰前講好仁者無以尚之諸生有能真見無以尚之者乎堅對曰每欲勉強時亦知其無以尚但忽然不覺私意乘之則有所尚矣先生曰此時以何法處之對曰惟強制耳曰強制亦是第二着須還見得透自易矣

涇野子內篇卷十四終

涇野子內篇卷之十五

鷲峯東所語第二十　　門人歙縣許象先録

許象先初見先生請教先生曰學者要在隨事精察體認否則我雖多言亦無用猶是照舊人也

呂潛問人事難以應接先生曰都不接來未免有失人處都要接來未免有失已處孔子云汎愛衆而親仁

何城問漆雕開吾斯之未能信所信只是理否先生曰固是吾輩且替他想看怎麽便不肯自信象先曰莫不是知得反身尚未能誠否曰但且就吾人自家身上看且如朝廷把你做箇兵部官果能自信兵儲邊策將士之心一

一能周知否把你做箇吏部官果能自信麽司百吏賢人
君子一一能周知否漆雕開不自信是心不自足故夫
子悅之且如子路率爾而對我能道千乘之國便是自信
了夫子所以哂其不讓
呂潛問欲根在心何法可以一時拔去得先生曰這也難
說一時要拔得去須要積久工夫纔得就是聖如孔子猶
且十五志學必至三十方能立前此不免小出入時有之
學者今日且於一言一行差處心中即便檢制不可復使
這等如或他日又有一言一行差處心中即又便如是檢
制此等處人皆不知己獨知之檢制不復萌便是慎獨工

夫積久熟後動靜自與理俱而人欲不覺自消欲以一時一念的工夫望病根盡去却難也

先生一日贈胡貞甫陞知福州府文中有處置釋氏一段象先曰廷臣建言欲裁革釋氏是義先生如是處置却是仁先生曰仁立則義行義精則仁無弊廷臣言欲裁革固是義須停當可且這些人原初出家也是不得已處孟子曰經正則庶民興庶民興斯無邪慝矣苟上之人不務明禮義以化導之而遽欲去之幾何不激變亦豈復推原其不得已之情乎須是要體堯舜並生之心好

呂潛問理欲界限甚明何爲人心每每沉溺於欲先生曰

還是見不到如簞瓢陋巷他人則憂顏子便樂蓋真見有
重於此者夫何憂
呂潛問學者自做秀才至中舉中進士心只是依舊不動
方是學先生曰此意却好前日顧東橋見我云彼處有箇
秀才有學識中不得舉心甚憂予謂此正是無學識處如
中不得舉心憂便爲舉人牽扯去了中不得進士做不得
官心憂不免又爲進士與官牽扯去了如此等心便不屬
己身了非是不要功名富貴須不累於功名富貴纔是
象先問文王能使家國天下皆化竟不能化紂莫不是紂
下愚不移否先生曰此大有説紂固下愚難移且當時前

後左右莫非妲己飛廉之流雖有善言無由而入況文王身且不能見容若非散宜生閎夭之徒處置出來幾不能免矣象先問散宜生之事文王知否先生曰文王在羑里中怎麽得知然此亦是聖賢善用權處蓋宜生知紂之惡不可回文王之聖不可死故如此處置孟子嘗稱太公望散宜生則見而知之他也是聖賢々惟其知是故紂解文王之囚且賜之斧鉞得專征伐文王得以伐密戡黎去崇侯虎當時天下所以不得深受其害故聖賢一時之權實天下之利其用心如此

先生曰陳伯沙謂舞雩々三三兩兩只在勿忘勿助之間想

當時曾點只是知足以及之恐勿忘勿助工夫却欠闕也
不然則不止於狂矣
象先問先儒言子路豈若於浴沂是子路猶下曾點一等然
子路未之能行唯恐有聞恐又曾點所不及先生曰正是
曾點氣象大行不揜言子路工夫密見義必爲豈於浴沂
先儒特自其言志時氣象而言耳
問岳武穆班師是否先生曰如何不是天下寧可無功業
之成不可無君臣之義
唐音問申生待烹之事人議其未免陷父於惡如何先生
曰晉獻公溺於驪姬元是惡的不是申生陷他申生不

逃待烹雖若過乎中庸他的心却合乎天理之公了故謂之恭世子若再說他不是却是世之逆命不死者却好也又曰除是申生學至道與舜同應別有處

唐音問子思不使子上爲出母服何以不與孔子同先生曰聖人道大德宏故於人子情可通處無所不容子思是賢者却還守禮爲是

象先問吳康齋終日以衣食不足爲慮恐亦害事否先生曰此公終日被貧來心上纏繞不得謂之脫然無累然亦却是有守的外面勢利紛華奪他不得吾輩且學他此等長處

先生謂諸生曰吾儒心中常使有餘無不足處纔好所謂有餘是甚的只內省不疚夫何憂何懼便是

先生曰仁者人也凡萬物生生之理即是天地生生之理元非有兩箇故人生天地間須是把己私克去務使萬物各得其所略無人己間隔纔能復得天地的本體夫孔門諸賢於一時一事之仁則有之求萬物各得其所與天地同體氣象便難惟顏子克己復禮幾得到此境界故夫子於夏時殷輅周冕韶舞惟與他說得他人無此度量夫子不得輕與也

李樂初見先生問聖學工夫如何下手先生曰亦只在

下學做去。先生因問汝平日做甚工夫來。和仲默然良久，不應。先生曰：「看來聖學工夫只在無隱上，亦可做得。學者但於己身有是不是處，就說出來，無所隱匿，使吾心事常如青天白日纔好。不然，父之積下種子了，便陷于有心了。故司馬溫公謂平生無不可對人說得的言語，就是到建諸天地不悖，質諸鬼神無疑也，都從這裏起。」

康恕問羅整菴譏象山只論心不及性。先生曰：「只論心論性，不論行，亦未是，須着自家行去方好。象山謂六經皆我註腳，如這等議論，儘是高明的，但却未曾如此行耳。如與諸子爭辯，便忿恨不平，甚至罵詈，躬行君子豈是如此？

恐所謂論心者亦亡矣

先生曰何叔防每於我言不合處便對曰城再想這意思甚好如舜大聖人也他說的不是禹亦曰吁子路於孔子之言有未安便曰迂若他人不管曉與未曉只唯唯答應過去豈是道理豈有長進

象先問治天下自兄弟妻子始唐太宗閨門手足如此却能致治如何先生曰尚能用人耳子云衛靈公之無道奚其喪況直諫如魏徵而太宗取自讎敵此所以亦能致貞觀之治

先生曰天下事當言不言當行不行失之弱至於過言過

行却又失之露其要只在心上有斟酌損益方好

先生謂知得便行爲是謂知即是行却不是故知者行之始行者知之隨猶形影然又猶目視而足移然

先生曰鄒東郭云聖賢教人只在行上知中庸首言天命之性率性之道便繼之以戒慎不睹恐懼不聞並不說知上去予謂亦須知得何者是天理何者是人欲不然戒慎恐懼箇甚麼蓋知皆爲行不知則不能行也

永宇問聞人譽己似不喜但於毀言終未免有不能什然處先生曰須是聞毀言不怒纔能聞譽言不喜此是一套的事

問三王之制禮作樂何以能與天地鬼神合先生曰繫辭謂天尊地卑乾坤定矣禮記謂禮由陰作樂由陽來天地自然之禮樂元是如此三王之制禮作樂一順天地至公之心自然無毫髮私意杜撰出來故能與天地鬼神合伏羲河圖之作亦有來歷仰觀象於天俯觀法於地非自作但能近取諸身耳故張橫渠嘗有云不聞性與天道而能制禮作樂者鮮矣

康恕問格物如鳥獸草木之類亦須格否先生曰所謂格在隨時隨處格凡念慮所起身之所動事之所接皆是皆要窮究其理然鳥獸草木元初與我也是一氣生的怎

麼不要格如伏羲亦嘗觀鳥獸之文但遠取諸物必須要近取諸身纔是若離却已身馳心鳥獸草木上格做甚

康恕問戒慎恐懼是靜存慎獨是動察否先生曰只是一箇工夫靜所以全動動所以合靜不睹不聞靜矣而戒慎恐懼便惺惺此便屬動了如大易閑邪存誠一般邪閑則誠便存故存養省察工夫只是一箇更分不得

先生與諸生講中立不倚曰凡學者各受病處如瘡疥之類一般有發之手者有發之足者有發之面目者須是自其脉絡貫通緊要處整治纔易愈聖人之教人正如醫者之用藥必是因病而發子路剛勇說這箇強於中則不足

故夫子語之以中立不倚和而不流亦對證用藥之一驗
其於諸弟子皆然
先生曰程子謂鳶魚之論於學者極有力活潑潑地最有
味蓋子思鳶魚之咏即是夫子川流之歎一般見得道無
不在功夫無一息可間斷得然說到鳶飛流水處極是緊
切的見得工夫有少間斷便與道相離了此所以須是時
時省察不使離道於須臾纔好后來如周茂叔愛蓮花與
不除窓前草張子厚聽驢鳴皆是於道之不可離處會落
見得非爲蓮與驢也
問妻子好合後何爲繼以鬼神章先生曰學者須是學到

通得鬼神處方是實學如舜納於大麓而烈風雷雨弗迷禹黃龍負舟須臾俯首而逝皆是通得鬼神處后來如程子爲鄠縣簿有邀去看石佛放光者辭云適政不暇往可取其頭以示其光遂滅又有一人謂曰近有一奇特事問何事曰夜間宴坐室中有光程子謂其亦有一奇特事每食必飽亦庶幾不惑於鬼神者然聖賢能如此却從那裡得來亦只在不忽妻子上做起不忽妻子處正是慎獨就是能與鬼神合其吉凶

先生曰管仲器小夫子因或人不曾問及亦未嘗說出子看來管仲器小處蓋有所在如召陵之師當時楚已僭王

了却不知責却去責他不言包茅首止之盟惠王欲舍世子鄭而立帶亦當率諸侯明爲講解惠王未必不聽乃遽率諸侯會於首止在世子則是以子去挾父在桓公則是以臣去挾君子觀仲輔桓公這二事皆是器小不能見大處

問義之與比先生曰知得此義儘難如宋時韓魏公欲刺陝西義勇是有專主的意司馬溫公諫不從曰天下事非一已私議及溫公當執政時欲變役法蘇軾進言青苗可罷免役猶可存溫公怒不肯從蘇公曰公昔能諫韓公刺義勇事今日相公執政遽不容人諫邪是溫公却又自專

主了以此知已私甚難克二儒操行至此猶未能義之與比況其下者學者於此等處正須要辯析明白庶乎臨事不昧所從

問一貫先生曰一貫辟如千錢、只是一索貫串着儘有條理而不紊、今學者且從一兩錢上積累去可、

諸生因問尋樂之功如何、先生曰、亦只是自各人已私牽繫處觧脱了、便是、

先生曰、天下無一事非理、無一物非道、如詩云灑掃庭内惟民之章、夫灑、是播水於地、掃是、運箒於地至微細的事而可為民之章、故雖執御之微、一貫之道便在是也

象先問夫子欲為東周其設施便當如何先生曰亦只在用人當時在門如顏子必以之為輔相如公西赤必使之束帶接賓如子貢必使使於四方如仲雍諸賢必使之為卿士其他如晏嬰蘧伯玉甯俞史䲡等必皆在所器使象先問不止取諸其門人而復有取於他國諸大夫者何先生曰此正見聖人公天下之心處當時有一才一節之賢皆在所用在門或有晝寢聚斂之徒亦必在所不取夫子得此柄欛興周自是易事故子貢謂夫子之得邦家立斯立道斯行綏斯來動斯和如之何其可及夫子興周其神化便是如此諸生聞之惕然

象先問孔子正名莫不是以誠意感動他否先生曰亦是莊公不知有母潁考叔何人尚能錫類況神化如夫子定是有處必是先以誠意感化衛輒使之哀痛悲號以迎蒯聵又以誠意感化蒯聵俾之被髮左袒以謝南子然後以蒯聵當位而輒嗣之此便是孔子的本意

先生曰予一以貫之這一字非泛然的一如書咸有一德之一然亦未嘗不自多學中來但其多識前言往行便要畜德多聞多見便要寡悔寡尤所以擴充是一而至於純故足以泛應萬事若只泛泛說箇一則或貳以二或叁以三元自不純理與我不相屬了又何以貫通天下之事此

便是后世博學宏詞雖少亦害而況于多乎
先生曰先儒謂放鄭聲遠佞人法外意還一个是使或不用
周冕殷輅而無佞人雖未爲盡善而猶不害於治苟使一
佞人奸於其間則雖有夏時殷輅周冕韶舞舉莫知所以
用之者故用法在先去佞人
先生謂諸生曰觀論語二章亦便可見孔顏的學問如高
堅前後博文約禮此便是孔顏之天德夏時殷輅周冕韶
舞此便是孔顏之王道故曰有天德便可語王道
何城問孔子不見陽貨而公山弗擾以費叛召子欲往者
何先生曰陽貨欲見孔子之意不誠且他當時只是陪臣

無可爲之機見他亦無益公山弗擾召孔子必是有悔心之萌欲得孔子去拯救他的意思因其機而乘之周道可以復興故欲往城曰孔子去時設施當如何先生曰想也是正名的意必是變得弗擾來使知有季氏變得季氏來使知有哀公變得哀公來使知有周天子故曰如有用我吾其爲東周乎

先生曰孔子繫易言一陰一陽之謂道繼之者善成之者性是言性則善便在前孟子道性善言性則善便在後却源流於孔子世儒謂孟子性善專是言理孔子性相近是兼言氣質却不知理無了氣在那裡求理有理便有氣何

須言無都失却孔孟論性之旨了
先生曰聖人出處比常人不同多在亂世看他自言便謂天下有道丘不與易而當時識者亦謂其是知不可爲而爲的人他人欲效聖人便自失後世如尹和靖輩最得聖人之意或謂君子見南子否曰不見問何以不見曰只爲不會磨不磷涅不緇楊龜山便不是蔡京是何等樣人而推轂其手象先不曰龜山當時却亦不曾附他先生曰雖附他却亦不曾見救正他當時知得是如此只合不出來更好
先生因講博學篤志切問近思仁在其中而曰切問近思

工夫甚難昔謝上蔡別程子一年纔去得一矜字象先曰若顏子於矜的意思却都沒有了先生曰固是禹尤有大焉書稱汝惟不矜天下莫與汝爭能汝惟不伐天下莫與汝爭功然禹不自知而舜稱之顏子猶覺善在己的身上比上蔡一年工夫纔去得一矜字又太也聖賢之淺深此亦可見

先生曰堯舜之時去古未遠人心純是好的易於變化故當時人人君子比屋可封雖有一二護頑難化止是四凶驩兜數人而已時至春秋則習染日深人心不復如古了當時亂子相事而爲君相與而爲徒皆是先經過一番習

滌來的甚難變化觀論語中多是因人變化委曲造就真
如一大爐冶使孔子得位便是堯舜一般手段凡看論語
於聖人此等處更須思索不可一下看過

涇野子内篇卷之十五終

涇野子內篇卷之十六

鷲峯東所語第二十一　門人歙縣許象先録

十年冬許象先辭歸省先生曰近日諸友多北上汝獨南還諸友中每告以隨處力行汝此歸亦當如是然於此等處須是看做一樣方始是學出處元是一箇道理不可謂處輕於出也

先生一日謂諸生曰逝者如斯夫子見齊衰者冕者與瞽者過趨坐作無兩心其純亦不已便是如此學者湏是自強不息體這樣子行去纔好若見冕者尊貴便知敬他見瞽者是無目的便忽畧了却不是且天下無目的亦廣着

如那樣有位有勢的人皆是有目的一般那樣無位無勢的人皆是無目的一般如於此等類亦湏是要看做一樣何堅問如此則無所謂分殊矣先生曰所謂殊者如所謂三親九族之類云耳非是將勢強的作一樣看勢弱的又作一樣看有目的譬之是晝無目的譬之是夜若但知敬冕者而忽瞽者正是如水却流行於晝而停止於夜矣便不是學

先生曰夫子自謂吾志在春秋行在孝經子謂夫子之神在論語乎

章詔問格物先生曰這箇物正如孟子云萬物皆備於

我物字一般非是泛然不切於身的故凡身之所到事之所接念慮之所起皆是物皆是要格的蓋無一處非物其功無一時可止息得的聶斳曰斳夜聽來心下有所想像念頭便覺萌動此處亦有物可格否先生曰怎麽無物可格君子無終食之間違仁造次必於是顛沛必於是亦皆是格物章詔因曰先生格物之說切要是大有功於聖門先生曰也難如此說但這等說來覺明白些且汝輩好去下手做工夫矣

聶斳問好樂憂患與畏敬哀矜等類何所分別且心正後身何以猶有偏處先生曰好樂自心之存主處說尚在已

心上畏敬自身之臨接處說已及人了所以大學工夫正心後至卒然臨事時工夫不密不覺猶有偏辟處慚意尚未釋然少頃先生坐後帷屏被風吹側先生猶危坐諸生中或有愕然失聲者或有勃然失色者甚或有奔扶至失手足者先生曰此便是畏敬而辟此便是身之卒然臨接處即此而觀好樂憂患得正之後而畏敬哀矜不免猶有所偏不可不加察諸生心始快然

先生因講知保赤子心誠求之顧謂象先曰汝那裡有箇

潘希平自戶部郎陞知荊州府事予往送之希平因請教予見希平嘗置其子於樓上讀書因謂之曰希平視荊民

如樓上之子可矣希平請問其所以予謂希平視其子發樓則使人扶之下樓則使人持之時其饑餽之食時其渴飲之漿時其書聲不聞則扑之恐其或惰時其書聲不絕則節之恐其或勞視荊民如已子何有不可希平曰州縣之廣安得人人視之如已子予謂州縣之吏有如希平這樣心的把已之心事付託他亦有無希平這樣心的把已之心事詳告他又何不可希平又謂荊州適饑饉之時賦稅既免而祿米廩餼之類又不可缺的歲辨既蠲而往來供億之類亦不可少的此等處却如之何予謂予之家無饔飧客無饋饌則亦求之樓上之子乎抑别有處也於是

希平深以爲然。然此還是謂視民如子的說。若康誥云如保赤子、赤子却是箇無知不能言的。視民如無知不能言之赤子、則亦何所不至哉。又謂予鄉有劉先生曾作曲沃縣來、凡民有罪、別縣多是罰金絹、他止是罰此糧米棗菜等物、無事時、令僧道等晒貯之、後值年荒旱、別縣民皆流離失所、惟他這縣獨得生全。這樣的人皆是心誠愛民如赤子、故害未至而預爲之防。因謂諸生曰、他日皆有安養元元之責、德的這等心腸、却不可不自今日預養。

問張子太和所謂道、却遺了中字、是墮於一邊、如何。先生曰、儒者多謂韓退之原道而不及格物致知爲有所遺、予

謂言道不必盡把前聖賢之語一一數過纔謂之全書若
孟子序恒言曰天下之本在國國之本在家家之本在身
他連正心誠意都不曾說不又大有所遺乎故易亦曰保
合太和安知子思之言不有見於此不必拘拘牽合中字
來比對着況聖賢之意亦自多有互見處
聶齋問絜矩先生曰矩是箇爲方的器大之而及四海
要之只在方寸謂之絜矩只是箇無不均平的意思且如
天下有權勢的是一等有樣鰥寡孤獨顛連無告的又是
一等天下之人便有這幾等怎麽便得均平故書稱堯則
曰平章百姓百姓昭明黎民於變時雍此便是能絜矩的

象先因問天下亦大着怎麼便得均平如一先生曰此亦無大異術亦只是把這些〻財散與百姓便能得也問百姓亦多着怎麼便能人〻與他財得先生曰此亦無大難事亦只是要有箇不要錢的官人便能得又問天下非是少這般人而莫之用其咎安在先生曰此只是沒有這一箇臣苟有這一箇無他技休休有容之大臣則用人以理財俱得其當天下豈有不得所的道理問所以能用一箇臣其要又在君否先生曰這要不消說了傳中謂仁人能好惡人又謂仁者以財發身故其要只在君心之仁凡視天下若不切己者只是不仁故與己不相干涉苟知得這些〻

人生生之理無非天地生生之意則我與這些人元初只
是一箇今又在長人之位豈忍置之於不得所的地面故
張横渠西銘却備言此道理然人所以不得生者只是無
些生生之具以爲衣食故只把這些財散與人使人有以爲
生則天下自平矣
吴光祖問後之作詩多不古者何先生曰只是失却古
人的意古人作詩只是覽物起興皆本性情中流出後人
只是剽竊外面的字樣湊合成詩與性情元不相干往日
有箇朋友語人云一部文選的字樣都喫他使盡了再無
字賸可用得這等看來今人之詩安望其能古若邪故其

詩雖高比漢魏人竟亦何用

先生謂諸生曰近日講大學亦有得處否一生曰聖經一章先生說得血脉貫通先生曰不要說我說得貫通須是要汝自家尋得箇下手處方是貫通不然是猶以言語文字聽我說話未免扞格不貫通也

先生曰聖賢每每說性命來諸生看還是一箇是兩箇章詔曰自天賦與爲命自人稟受爲性先生曰此正是易一陰一陽之謂道一般子思說自天命便謂之性還只是一箇朱子謂氣以成形而理亦賦還未盡善矣與人以陰陽五行之氣理便在裏面了說箇亦字不得陳德文因問夫

子說性相近處是兼氣質說否先生曰說兼亦不是却是兩箇了夫子此語與子思元是一般夫子說性元來是善的本相近但後來加着習染便遠了子思說性元是打命上來的須臾離了便不是但子思是恐人不識性之來歷故原之於初夫子因人墮於習染了故究之於後語意有正反之不同耳詔問修道之教如何先生曰修是修爲的意思戒懼慎獨便是修道之功教即自明誠謂之教一般聖人爲法於天下學者取法於聖人皆是張橫渠不云糟粕煨燼無非教也他把這極粗處都着做天地教人的意思此理殊可玩

問戒懼慎獨分作存天理遏人欲兩件看恐還不是先生曰此只是一箇工夫如易閑邪則誠自存但獨處却廣着不但未與事物應接時是獨雖是應事接物時也有獨處人怎麼便知惟是自家知得這裏工夫却要上緊做今日諸生聚講一般我說得有不合處心下有未安或只是隱忍過去朋友中說得有不是處或亦是隱忍過去這等也不是慎獨先生語意猶未畢何堅遽問喜怒哀樂前氣象如何先生曰只此便不是慎獨了我纔說未曾了未審汝解得否若我就只答應亦只是空說此等處須是要打點過未嘗不是慎獨的工夫堅固是澄思久之先生始曰

若說喜怒哀樂前求個氣象便不是須是先用過戒懼的
工夫然後見得喜怒哀樂未發之中若平日不曾用過工
夫來怎麼便見得這中的氣象問孟子說箇仁義禮智乎
思但言喜怒哀樂謂何先生曰人之喜怒哀樂即是天之
二氣五行亦只是打天命之性上來的但仁義禮智隱於
無形而喜怒哀樂顯於有象且切緊好下手做工夫耳學者
誠能養得此中了即當喜時體察這喜心不使或流怒時
體察這怒心不使或暴哀樂亦然則工夫無一毫滲漏而
發無不中節仁義禮智亦自在是矣叔節又問顏子到得
發皆中節地位否先生曰觀他怒便不遷樂便不改却是

做過工夫來的

先生曰時中的地位儘難如孔子說夏時殷輅周冕韶舞有多少不同處與上大夫言便誾誾與下大夫言便侃侃麻冕純儉便從衆拜上便違衆從下此皆是孔子的時中處顏子仰鑽瞻忽每在於此若他人要隨時便忘却中要執中便背了時看來這時中君子非是致過中和來的怎麼能得朱求年曰時中亦可分言否曰雖不可分言然自有此脉絡如孔子祖述堯舜而又憲章文武方能酌古準今矣雖周公仰思亦是此物凡聖人因人變化對時育物皆可玩也蓋中雖有定理而時則無定位

先生曰舜好問好察他的大智全生在這好字上故夫子亦嘗說我好古敏求這好的意思後人便沒有也舜在深山河濱雷澤一般與人木石居與鹿豕遊其所以異於野者幾希若舜說我是聖人這些人見舜訑訑的聲音將望望然去了誰與共居舜雖欲聞一善言見一善行打那裏得來這等看來舜之智不全是生知在一好字上堅問生輩不能好問好察其病安在先生曰這各有箇病痛須是各人自家檢點出來對曰只是好高不肯下人耳先生曰此還是第二層事元來只是視天下的人與已若不相干涉無舜這般心腸觀舜雖至飢饉猶欲並生至於有苗尚

欲來格視天下的人有一不得其所皆是已性分有欠缺
處便如此他人怎麼得有這等心腸後來若顏子庶幾是
爲得舜的樣子觀其自謂舜何人也予何人也有爲者亦
若是他自是能擔當得起故子思序舜節繼以顏子諸生
中亦有爲舜的心否有爲舜的心須是要以能問於不能
以多問於寡先把顏子學起
易泉問盡道如聖人猶有不知不能幾人便都自諉了如
何先生曰觀備道之全體如聖人猶有未盡處況不及聖
人者乎可見道是這樣大的而人不可不爲因嘆古聖人
一箇禮樂不知便往周問於聃弘一個官不知便往譚去

問鄭子看他是何等的心地後人猶有大於此者亦只是
隱忍將就過去了更沒有個要求全盡無愧的心仲開問
問禮問官恐是小事先生曰道無大無小知官可以安民
生知禮可以復民性如何看做小的
泉問鳶飛魚躍與語大語小通否先生曰此是打做一片
說得的謂道之大可載也一鳶之飛直至于天一魚之躍
直出於淵謂道之小可破也莫大如天一鳶之小制他不
飛不得莫廣如地一魚之小制他不躍不得這等看來古
人滿目便見天理流行滿目中皆是道孔子致嘆於逝水
子思有取於鳶魚皆是心常見得後來程子亦是實落為

◎

這學問的他看到子思鳶魚之論便提掇出來謂子思喫緊為人活潑潑地他亦不是浪說諸生今日亦須勿忘此意觸處見得方是學問無間斷處故君子無終食之間違仁造次必於是顛沛必於是

劉邦儒問顏子仰鑽瞻忽是擇乎中庸否先生曰張子亦嘗有此說來問亦是博文約禮否曰也是又問博文約禮分先後乎曰難說博盡文纔約禮一文之博一禮之約衆文之博衆禮之約畢竟文在[redacted]泉因問弟子入則孝何為先禮而後文先生曰聖賢固有有為而發的為弟子的心馳於文恐躬行便薄了故先行後文若平日立教曰文

行忠信曰博文約禮此是定序又如子路是個忠信明决的不怕行不到故孔子只就知上覺他如曰由知德者鮮矣又曰知之爲知之之類子張文爲有餘行恐不逮故孔子多就行上覺他如曰居之無倦行之以忠又曰在邦必達之類此亦便是孔子一貫的去處因顧謂邦儒曰顔子仰高鑽堅瞻前忽後其亦在此類乎又曰今欲求夫子高堅前後先要用仰鑽瞻忽功夫

先生看書之秦誓至一個臣無他技處因嘆曰此最天下治忽興衰所繫書始二典而終秦誓見得須是無秦誓妨賢病國的心胸方可做得二典時雍風動的事業

有一相知問近日有志好學但多有不得於人處先生曰還是不得於己孔子不嘗說來射有似乎君子失諸正鵠反求諸其身終不道自家不中却怨那正鵠于那正鵠甚事正鵠於我有甚恩讎故今日亦惟修其在我者而已其人遂感云莫不是自家猶有未誠處否先生曰然至誠而不動者未之有也此語可謂善自體會矣

有一御史言竊有志向上恐同寮中或不喜目爲好名故近歲只會同志者三四人更相勸勉修行慎獨默默做去不使外人知後來到京時有一同寮者素不喜此學朝夕與居時或譏諷或默然諭自是亦漸覺相感化將來先生曰

這等看來其爲人知莫大矣然道學之名亦不消畏避人
知方是真做纔有避人知的心便與好名的心相近
詔問非禮勿視聽言動何以惟顔子足以當此先生曰視
聽言動的工夫亦難着吾鄉有個行人出使外國黔國公
請他舉席皆是些珍寶的器皿中有個寶石嵌的酒盃其
行人在座中特一視之後宴畢黔公舉以贈古來有吳公
子季札過徐徐君色愛其寶劍季子心知之後使鄰國畢
復過徐徐君已沒矣遂解其劍掛墓上而去視瞻之不可
不審有如此者且如雖是一個言條件亦多着如在官言
官在朝言朝或言及之而不言未及之而言未見顔色而

言皆是非禮處就是一品得中間也有過高過卑的動容周旋有多少曲折處推此類可見視聽言動的工夫極細密地位儘難須是有顏子三月不違的境界纔擔當得起

先生曰曾子易簀的去處直是妖壽貳他不得的時象樂

在勞語及尹和靖出處進退甚是分明先生曰彥明曾亦應過進士舉來策問中有議誅元祐黨人即嘆曰是尚可以干祿乎哉遂不對而出看和靖這出處去易簀事亦不遠了人之身只有個出處進退死生壽夭而已諸生做工夫過得此等關餘處皆易矣

先生問林秀卿近日做何工夫穎對曰這幾日將擬歷殊

覺多事可厭先生曰正好在這裏下手做工夫不可惡他多事就是撥歷中間或衙門遠近道途勞逸一以道處之勿以這些小事動心則他日當天下之重任庶事之繁劇可以無難矣

胡炳一日看聶蘄來先生曰汝兩人相會亦曾有幾句好說話否對曰炳見士捂舉外人多以好名相目爲講士捂云不要說你好名不好名只看你爲己不爲己先生曰捂這言甚合我意看來學者爲道亦須發得幾句出來纔是驗也因謂炳曰汝得友如士捂可以往來取益矣

詔問一妻子兄弟之得所便順父母如何先生曰試自驗

來一家之中夫妻反目兄弟鬩墻起來父母之心怎得安樂必是兄弟宜了妻孥樂了父母之心纔放得下然此却是作一家的父母看若王者有宗子的責任却是以天地爲大父母了必須是使天下萬民萬物各得其所纔能使天地之心悅豫得又問樂妻孥宜兄弟亦只是性情上做功否先生曰然如關雎樂而不淫哀而不傷舜見象憂亦憂象喜亦喜是也問父母順如何就是道之高遠先生曰堯舜之道孝弟而已矣如舜盡事親之道而瞽叟底豫而天下化且定這等看來順父母的道理是甚麽樣宏大又問順父母便纔以鬼神謂何先生曰道是個無大無小無

適無近無隱無顯的始雖只造端乎夫婦極之便可通乎
鬼神又曰恁他看來子思實是得孔子之的傳孔子實落
是與鬼神相屈伸變化往來得的故子貢問人不知他便
說知我者其天乎子路請禱他便說丘之禱久子思非是實
落見得這鬼神怎麼既說個體物不遺便繼以誠不可揜
敢如此說來

詔云近日多人事恐或廢學先生曰道便可就在人事上
學今人把事做事學做學分作兩樣看了須是即事即學
即學即事方見心事合一體用一原的道理因問汝於人
事上亦能發得出來否詔曰來見的亦未免有此俗人先

生曰遇着俗人便即事即物把俗言語曉得他來亦未
嘗不可如舜在深山河濱皆俗人也詔顧語象先曰吾輩
平日安得有這樣度量
先生曰諸生聞吾言多是唯唯應下亦未審能發得出來
否不然只是一味包涵恐又非於吾言無所不說者矣
先生曰程子謂其門人嘗說賢輩在此恐只是學得某的說
話諸生今日會得我的意思須是即便行去纔好不但學說話
易泉云知行不可分先後先生一日語之曰汝近日做甚
工夫來泉云只是做得個矜持的工夫於道却未有得處
先生曰矜持亦未嘗不好這便是君子終日乾乾夕惕

若戒慎不覩恐懼不聞的工夫但恐這個心未免或有時
間歇耳曰然因問心下想來怎麼便要間歇了泉云有
間歇的心只是忘了又問你心下想怎麼便要忘了泉未
答先生曰只緣他還是不知他如知得身上寒必定要
討一件衣穿知得腹中饑必定要討一盂飯吃只使知得
這道如饑寒之於衣食一般他不道就罷了恁他看來
學問思辨的工夫須是要在戒慎恐懼之前纔能別白得
是天理便做將去是人欲即便斬斷然後能不間歇了
故某嘗說聖門知學工夫是第一件要緊的雖欲不先不
可得矣

先生因講仲尼祖述堯舜處謂諸生曰看孔子的學問是何等樣大後人雖有知古的或不能知今便流於腐儒雖有知今的或不能知古便流於曲士知天而不知地便是能員而不能方知地而不知天便是能方而不能員酌古準今參天兩地這便是聖人的學問若賢人的學問便下聖人一等了一生曰今人連賢人的學問也到不得先生曰這却趨下了在汝雖曰謙之至他人視之便覺卑之甚矣問聖人之學恐亦只是賢人的學問做去先生曰元來規模自是不同

先生曰致曲工夫甚難曲即是委曲處如水之千流萬派

欲達江達海中間不免有些砂石障碍山谷轉折便有多少委曲處須是悉致之纔得與江海會通着昔日有二生同欲致書於其長一生適有事就凂無事的這生爲之封裝其生於已的封裝甚整飭於人的便覺潦草此亦是不能致曲前日初啓東來見說他在場屋中一生有寒疾不能終卷他便把已身上衣服鮮下一件與他穿其友還不能寫又教他面向裏背向外寫其友猶不能又將兩個軍的衣服脫下來將外面遮着其友纔得終卷出着這一事便是他能致曲處但未知他每事皆能如是否耳凡學者惟是這一灣難過故子常說致曲與大學之格物中庸之

慎獨皆是一樣的工夫、
象先問禎祥妖孽至誠怎麽的能前知先生曰雖禎祥妖
或有不善者矣雖妖孽容或有誠善者矣此等處唯是至
誠纔知得問禎祥妖孽何處見得曰亦只在蓍龜四體上便
可見得如衛石駘仲卒無適子有庶子六人卜所以爲後
者曰沐浴佩玉則兆五人皆沐浴佩玉石祁子曰孰有執
親之喪而沐浴佩玉者乎不沐浴佩玉石祁子以兆衛人
龜爲有知也此便是禎祥之見著龜如周公之握髮吐哺
漢高之躡足輟洗此便是禎祥之動乎四體妖孽則反是
若只謂麟鳳之物爲禎祥災異之類爲妖孽淺亦甚矣不

待至誠人能知之
聶蘄與一友論作聖人事一友謂作聖甚難蘄謂肯作聖亦易友問怎麼便見得易蘄謂吾輩今日要去挖那聖人的心安在已心上却難吾輩元也有聖人那箇心故易耳先生聞之曰此語說得極緊切我不嘗說恭不是天限定春秋戰國時專生箇孔子孟子乾道時專生箇周程淳熙時專生箇朱子又安知
今明時便沒有賢者天人亦在乎爲之而已若顔子皭然在陋巷中誰信他爲得舜也他便謂舜何人也予何人也有爲者亦若是看他是何等剛毅因念及备亦栖昔在太學

時有一老友戲曰看你的模樣是要做顏子邪栖隨荅曰老兄怎麽知我便做不得顏子恁的志向却是個剛毅今已亡矣惜哉

先生曰胡賦這回能不責債者之償此亦可謂能行所學矣這等處非是見得義上重怎生便能輕得利如此

吳祐云適見許象先道及先生教學者克己工夫自各人已私上克治聞之心甚快先生曰正是各人都有個病痛如聖門諸子一般子張便有子張的病痛樊遲便有樊遲的病痛只自各人的偏處整頓便亦可與這中正的道路會通得頃之吳祐自謂看來只是爲這舉業纏縛了人

先生曰這便是你的病痛你便要在這裏整頓不可爲做纏縛了亦便是你的克己工夫能得此你心不大快邪

吴祐問人心下多是好名如何先生曰好名亦不妨但不知你心下好甚麼名來若心下思稷只是個養民的名契只是個教民的名怎麼便能千萬世不泯把這個名之所以然上求則得之未嘗不善若只是空空慕個名不肯下手去做却連名也無了

先生問明相近日在監中與朋友亦講學否祐對曰近日只是會得幾篇文字先生曰古人以文會友便可輔得吾仁祐問以友輔仁必須是有這志向的不然亦難先生曰

不要畏難這去處却是要此作用須是因事善誘漸漸六化得他來纔好祐心未免猶有所疑先生曰這回郭林宗傳不可不看

章詔問伊川諫哲宗折柳事溫公以爲使人主不喜近儒臣先生曰伊川所言固是正經的道理但婉轉處却欠使明道處此恐便不是如此必是先有以開其心然後有以投其說如折柳事他定是有委曲必是先把那柳枝在手中請哲宗把玩者謂這柳枝方春時發生生意盎然可愛天地生萬物正如人主生萬民一般也但一折了這枝便沒有生意了正如今日百姓或折了一手傷了一足怎

明道必以誠意感悟人主悟得過來則自親親仁民愛物
愛物之心生道也孟子可説也折柳之事死道也伊川雖
説也伊川在經筵當排道處欲坐講及惹哲宗惡其妄自
尊大而蘇軾亦從而靳侮事母以敬爲主而愛亦不可缺
麼便行動得如此婉轉説來令哲宗心下或亦喜悅因想當
初在翰林時進説却只是古説亦欠委曲的意思始知用
過數年工夫來自覺於明道的心事畧窺測得幾分然亦
不知如何
有一御史來見先生談學先生謂之曰侍御今日爲的是
程伯淳的官須是要爲程伯淳的學纔好問伯淳之學是

恁地。先生曰：只是個仁，他不嘗說來，仁者以天地萬物為一體，莫非己也。認得為己，何所不至。這便是他的學問。因問：體仁的工夫，遇着相講時，覺有若振發的意思，但過後便忘了，如何？先生曰：這等看來，定是還有個忘的根子。問：這忘的根子在那裏？先生曰：亦多着也。如今好作詩的，這詩亦會忘了仁；好作文的，這文亦會忘了仁；尚勢位，亦會忘了仁；至於聲色貨利，是極粗淺的，更不消說。須是尋得這根子，一下斬斷，繞不忘了仁。故孟子說必有事焉而勿正，心勿忘也。故或是對朋友講論，或是對着書冊，或是察吾的念慮，皆是有事勿忘的工夫。故孟子說養氣以集義為事。故孟子謂侍御

今日亦必以體仁爲事乎問孟子說集義先生只說體仁如何曰集得義便是能體仁體仁義亦在其中矣

易泉問子思言淡而不厭云云又言知遠之近云云恐又加謹獨工夫亦只是知此先生曰此只好就資質上說如淡而厭見他是有個誠的資質了知遠知近見他是有個明的資質了纔好加慎獨工夫子前日亦曾與鄒東郭說來聖賢說話亦有不曾一句就說盡了的如首章言個戒慎恐懼的工夫可位育得天地了然下面便繼以智仁勇又繼以九經五達道又繼以誠明然又必須要個好資質纔做得這工夫故說個慎獨中間便自有許多條理不然只一

句說了下學怎麼得下手的去處泉曰何不一下說了曰恐諸君就肯用工夫也

有一生見先生問遇事多不能忍如何先生曰書不云必有忍乃克有濟有容德乃大故君子寧使我容人毋寧使人容我生感之曰非是至親如父母便無有肯把這話與我說的遂歸以是記之於壁以自警他日又來見云聞教後心不敢放適理事時有人投書心甚不平於是默想先生容忍之說遂止然心終不能什然却強制住了先生曰我不嘗說來孔門教人只是求仁知得這仁的意思於人何所不容於事何所不忍我們元初却與天地一般無一

毫欠缺但先狹隘了便無天地覆載氣象訑訑聲音拒人於千里外矣故予又每說舜好問好察之智必先有並生之仁故今日亦惟在默識耳

象先問平居無事之時想所以接人待物者庶乎不謬但纔臨事便別就是奴僕有不如意雖強制不怒未免猶有意思在如何先生曰這處還是不曾致中故發不中節若預先想個接人待物怎能勾事到相湊合不謬也若致得中了臨事自會不差或有一二差處演習行之久便如輕車就熟路矣

先生曰為政有本有末如江上盜賊一般只知尋那個拿

賊盜的人，不去究那生盜賊的人，如獵獸以除田害，只尋那能驅狐兔的人，却不去求那絕兔的法也。

先生語諸生曰：「近日做工夫亦有下手處否？」一生對曰：「聞先生教後，每在燈窗下便想着。」先生曰：「不但在燈窗下想着，須是時時想着纔好。」曰：「但精力不足，此心未免有放下的時候。」先生曰：「纔覺放下時，便自提撥起來，却不好也。」又曰：「如能得此，便是下手工夫矣。」

涇野子內篇卷之十六終

涇野子内篇卷之十七

鷲峯東所語第二十二　門人襄陽劉鸞録

鸞問聽先生講論時覺有所興起使得常常如此聖賢可學而至乎但恐不能持循爲外誘所奪柰何先生曰孟楚人也予秦人也焉能常常講論乎故全靠師友則求諸已者便懈惰外誘由是而至也横渠亦有銘不可不常接乎且十一月二十一日期當聽講以陰雨晦冥獨坐閉户頓覺此心虛明凡有觀覽便自省悟似於道理有會合處若可上達竊謂一日無欲可作一日聖人一月無欲可作一月聖人終身無欲便是終身聖人不知是否先生曰有

志之言也但恐入市朝時或有欲則與閉戶獨坐時之無欲又不同矣故聖人無入而不無欲一獨坐不可便了也子如視金革百萬之衆甲科烜赫之榮文繡後雕之美財貨充積之盛艱難拂亂之時白刃顛沛之際耄耋昏倦之日皆如此號房之獨坐也人雖曰子之非聖人也吾不信矣

問顔子簞食瓢飲不改其樂夫子便稱之曰賢子路衣敝縕袍與衣狐貉者立而不恥夫子便喜之二者雖所造淺深不同然今之學者若能於貧富關頭擺脱得去便是求上達境界先生曰此是第一件學問能乎此可以塞天地

而輕王侯矣故曰君子去仁惡乎成名故今日只當求仁若於仁能有得處更須論他個簞瓢狐貉也

問孔子說可與共學至可與權以聖門諸弟子品題如何先生曰與其品題聖門諸弟子不若先品題在己品題聖門諸弟子雖是評論古今人物然近於方人於己猶無益若品題乎己便肯求己之所到處不知孟當今日可與立耶可與權耶若能審此則由損之立顏曾之權皆可求而至也

問程子於逝者如斯章云此道體也君子法之自強不息及其至也純亦不已焉又曰自漢以來儒者皆不識此義

末乃曰有天德便可語王道又於可與共學章云自漢以來無人識權字豈非以自漢而下聖人不作故不可以行權不可以與王道耶先生曰程子指其全體至極處而言若就漢人中論之豈無有識此意者乎自程子發此論雖爲至當然後學不知立言本意乃因而推演太高遂將數代躬行君子皆畢忽之但馳騖於玄談高論去權與王道益遠若愚則不敢謂漢以後無人也

問象山云顏子爲人最有精神然用力甚難仲弓精神不及顏子用工卻易觀其問仁之時猶下克己二字曰克己復禮爲仁又發露其旨曰一日克己復禮天下歸仁焉既

又告之曰為仁由己而由人乎哉至仲弓問仁夫子但答出門如見大賓使民如承大祭己所不欲勿施於人只此便罷也顔子精神高既磨礲得實仲弓不及也此說如何先生曰此象山想像之言幾於捕風捉影矣且顔子最有精神用力宜易今反以為難仲弓精神不及用力宜難今反以為易不幾於倒說乎且如見如承勿施等語亦非易事故雖分克己敬恕為乾道坤道者亦是就顔冉兩頭上說也故學者不當在此擬二賢上用功只當就二賢比擬於己有所不及思齊之則可也

問孔子於鄉黨恂恂如也似不能言者若臨是非利害之

際却也須便便如在宗廟朝廷固是便便若處僚友大夫以德義行實尊讓也須着恂恂當特門人記載亦就其重者論之不知是否先生曰恂恂只可施於鄉黨鄉黨中長幼卑尊俱無所用便便處若恂恂處於宗廟朝廷亦必似闇闇不然便陷於持祿固寵者矣

問鄉人飲酒杖者出斯出矣若是醉而不出屢舞傞傞屢舞僛僛聖人亦應何如處先生曰古人飲酒既立之監或佐之史不苟飲也可以聖人而同於流俗乎其溫良恭儉格人處自無傞傞僛僛之徒矣

問廄焚子退朝曰傷人乎不問馬乍忽之際固應如此若

稍從容亦須有言及焉也、先生曰此正觀聖人貴人賤吝之心於作忽之頃從容時不須論矣、

問學者應酬事物若從理上做去便自勇往直前略不流滯若要成就一已私意卻徘徊顧望不得了足不知是否先生曰此言是非極明白所慮者不消如此致疑於此致疑則必於是者不肯是否者不肯否矣故見得是非後只可直前勿起兩心然纔說要成一已私意卻是徘徊顧望不知徘徊顧望個甚的莫不是善心萌動又為私意牽扯欲不善不能不善欲善不能善兩相阻礙如看見此關一刀斬斷便是脫陷阱登雲霄處也

問先生云品題聖門諸弟子不若先品題在己此是要生實下工夫意今但知志道猶不免有得失存亡之時不識如何可以立以到權耶先生曰纔覺乎得處存處不使失亡便是立得到不知其得處存處則於道俱化矣如是而不可與權者則夫子有答言矣

問夫子告顏淵仲弓為仁二條此擬於己實未能及但日用行事頗有不欲勿施意思而又有責成他人待己亦似己之待渠意此又是私意不循而上之如見如承而克而復又當何如下手先生曰既知是私意便在此下手去之如見如承亦是此而克而復亦是此顏淵不是天上客孟

禽不是塵中人天理是一個天理不分今古私意無兩個私意因別賢愚

問下學人事上達天理請先生舉一二事例之是如何樣子先生曰程子灑掃應對是其然必有所以然之言極明白今孟禽欲舉一二事為樣子者只是把天理看在蒼然之表以為上也把人事看在眇然之軀以為下也孟禽只在人事上作則天理自隨孟禽作處殊無高卑難易之别又曰上下只是精神顯微字樣如易云形而上者謂之道形而下者謂之器此不是大樣子耶

問聖人過化存神如何心所存主處便神妙不測也須有

些作用處請破此疑先生曰舊講舜舉皐陶湯舉伊尹事
孟禽老之闢耶盖舜湯舉此二人極為簡易亦無甚動作
然四海九州之不仁者皆化而為仁便可觀過化存神處
易曰鼓之舞之之謂神惟舜湯能知此意漢唐諸君雖有
英賢却沒這個舉皐陶伊尹的手段故其治或雜霸或雜
夷雖與帝王比倫且子曾入天地壇帝王廟乎當其入之
之特貌必莊而無惰容心必肅而無雜念是誰使之然哉
盖天地帝王過化存神不見而章如此又問此舉皐陶伊
尹奚比乎曰凡所謂神化者至公而無私至明而不昧漢
唐之時雖有皐陶伊尹或明不足以知其賢縱或知之又

為私意親幸所蔽不能用其賢此不可以反觀舜湯之神化邪

問孔子教人多教就事上用功鮮有指出本原者孟子則直指言之如以為時之使然則宋世人資質殆不如前以為性善則古今一而已矣敢請何說先生曰道無古今之別人有聖賢之異聖人之言因人變化性在其中矣賢人之言不直不見時在其中矣性在其中不可謂孔子之言無本原也時在其中不可謂孟子之言非就事上用功也蓋孟子之學識其大孔子之道純於化今就其化之散見處但以為事上用功則夫子之神幾乎隱矣不亦粗淺乎

今就其大之發明處遂以為本原則孟子之學入於玄矣
不亦淺陋乎故欲孟會事上用功就要見本原本原上有
得就臨事發見岐為兩說非惟看孔孟之言有殊途則孟
會之心事恐亦有二致也
問大學謂如惡惡臭如好好色二句便是誠意了慎獨只
是起頭用功處是否先生曰說慎獨是起頭用功處是見
曾用心下手學也但與誠意對言似又支離將所謂起頭
用功者着外於好善惡惡邪就念慮之起覺得善惡就是
獨必好必惡就是慎
問先生云神之聽之終和且平有言天下豈有不和平之

鬼神此殆言其體也如大雅思齊篇謂神罔時怨神罔時
恫若有怨恫處便是不和平矣先生曰和平之助人不惠
於宗工則有怨恫之報非言神也
問先生於大雅文王在上篇有曰若以為文王既沒在帝
左右子孫蒙其福澤是後世神怪之說也然如所謂嗟嗟
烈祖有秩斯祜及爾斯所者其徵以別先生曰通於天人
之學者可以讀詩書矣明乎善惡之旨者可與論禍福矣
是故於昭陟降不可以形象言不然則在帝左右當列位
次矣申錫斯祜不可以私庇言不然則及爾斯所真非尸
解矣知乎此則於昭乃文王之道凡命之惟新者皆以此

也斯結乃成湯之德凡錫之無疆者皆以此也後世子孫不能繼述先王之道德而徒欲憑藉先王之福澤恐先王之福澤不如此私之甚也

涇野子内篇卷之十七終

涇野子內篇卷之十八

鷲峰東所語第二十三　門人祁門謝顯録

壬辰八月二十一日顯與叔應能謁先生於鷲峰東所先生却其幣顧顯曰自行束脩以上學者之禮先生笑曰拜即是禮焉以幣爲吾不能依本畫葫蘆也問學曰聖人教人只是立志志定則學成

問夫子吾衰之嘆獨歸夢於周公者豈以堯舜之道傳之禹湯文武周公周公後而傳泯焉故夫子惓惓念慮惟欲繼周公以續斯道之行乎先生曰此亦孟子論承三聖之意蓋指道在人臣者而言也周公生成西周之治孔子夢

周公吾其為東周乎傳道之論雖亦有理不必如此牽附

問易云三人行則損一人一人行則得其友與三人行必有我師同否先生曰彼言致一也雖然只要虛心吾心不虛則雖千萬人有善亦在所不取况三人乎吾心若虛則雖一二人有善亦在所取况三人乎又曰此道學之正傳前乎孔子樂取於人者此也後乎孔子以能問於不能者此也不然則匹夫匹婦不獲自盡雖民主罔以成功矣

先生曰學者開口便說仁怎麼便能令有諸已象先曰經禮三百曲禮三千無一事而非仁也故學者在隨處體認則得之曰正是鳶飛魚躍無往非此會得時活潑潑地然

學者須要用參前倚衡之功纔見得鳶飛魚躍無往非此

問以能問於不能如何先生曰某嘗說此節與舜之大智相類易泉問何謂也曰舜之大智止是一個仁盖仁者以天地萬物為一體欲並生哉無一毫私意間隔於其中無一物處之不當故人有善必取之於已已有善必推以與人問於耕稼問於陶漁問於在朝皆非心之所得已也今學者只是見不破這個仁與人物若不相干其有不得其所者就不肯思量去處他更肯好問人邪顏子之心亦與舜同故其言曰舜何人也予何人也有為者亦若是何等

激昂講畢文曰某嘗謂大舜生於千百載之上貴爲天子者也顔子生於千百載之下匹夫之微者也自他人視之一定把舜做個不可到的人又何敢曰有爲者亦若是顔子不畏而有此言故卒能如舜我等學顔子之學須提醒此心果有個欲並生哉好問好察爲舜的心纔好又問犯而不較如何曰此亦人觸犯他他自不較爾臯曰與不遷怒同乎曰然顔子自不遷怒進而上之就是孔子不尤人的地位至於孟子則曰於禽獸又奚擇焉亦未免有計較的意思故説孟子不及顔子此等去處亦畧見

聞過內自訟初無形迹著見人誰知之聖人遽以絶望於

門人何也先生曰此見內外合一之學也有諸中必形諸外如十目所視十手所指莫見乎隱莫顯乎微能謹必能改也夫子嘗曰絕望甚言見改過之難得爾

十月二十一日顧移鶩峰東所請教先生曰志學必以聖人可到為期顧對曰為學莫大於立志亦莫先於慎交曰在學者自脩固當如是然有容德乃大不可褊隘顧又對曰先生以天地萬物為心固無不可若初學未到中立不倚地位未免為習俗所奪先生曰然寺中童宣之良友也與之日夜切磋庶幾成學

二十九日陳子虛胡儒道告歸先生及諸友餞之秦淮寺

季虛曰昌積昨日看語録以智仁勇講資質恐不親切先生曰亦是資質亦是學問如淡而不厭簡而文温而理亦然又問知風之自如何先生曰凡事必有所自如人之毀譽是非必自已之得失我實說雖是個人君其天下生民之安否四夷之叛服百官之違順其風端自乎已於此而能知之則獨必慎德必脩如何天下不治昌積又問昨見人謂意之發動處就是行如何先生曰固然然知畧或先些如今日餞二友於寺亦必先遣人來視客之有無察地之汚潔客人之多寡然後行無窒礙使完不為之謀則或為他人先入寧不有誤程惟時曰又如請客必先發帖

通其情又有速帖以促其徃然後客從其請也夫豈因人過我門而納於我室強之以同飲乎先生笑曰此喻更親切昌積又曰早見程惟時與韋宣之看脉我問惟時曰藥可與一二劑吃乎惟時答曰未曾看你脉如何知得病而可以用藥乎看來亦與老先生之論相類默起曰這般說還不緊要如使不知病的醫候妄意發藥豈但不能生之將反害之死矣知豈獨可先邪先生曰這段議論尤覺明白講畢先生徹饌分散群僕昌積謂大器曰此處亦見欲並生哉意

十一月初二日先生召顧語曰昨日所講恐流於反復涉

於雜冗顧對曰諸生感發興起處多先生曰諸生感發怎麼不見卓然為聖為賢的人遇纔感發時就要下手做工夫聖賢地位亦不難到

何廷仁來見問宣之在京一年亦可謂有志者先生曰宣之苦得貧受得苦七月間其僕病且危宣之獨處一室躬執爨自勞筋骨未嘗見其有慍色可以為難矣廷仁對曰孔明淵明非無才也而草廬田園之苦顏子非無才也而簞瓢陋巷之窮看來君子之學惟重乎內而已先生曰然古人做工亦從飲食衣服上做起故顏子之不改其樂孔明淵明之所以獨處皆其志有所在食無求飽居無求安

者爾其嘗云季氏八佾舞於庭三家以雍徹犯分不顧都
只是耻惡衣惡食一念上起此處最要見得則能守得
廷仁問天下有為親病割股者可乎先生曰親病而已如
是亦根於天性之良其至誠之發乎近日連平有一楊佐
年方十四其母病即於脇下割肉一塊以奉其親雖不能
必其親之存而佐之心甚不可及廷仁曰於道不為過乎
先生曰年始十四無所習染無所畏避其幼則不為過由
有道之後而論之則為過矣廷仁曰三代以上有此事乎
曰紀傳不存亦難考廷仁曰身者親之枝也宗祧之所托
後嗣之所承不重其身斯忘其親矣曰雖然此亦事之變

爾孝童至真之情豈可於此又索過乎惟時曰事不可常禮所以不制譬如人子於親之死雖哭泣踊辟亦不為過苟喪其身則殯斂棺槨衣衾誰為之主是故聖王制禮以防天下之情恐其過於慟而喪身也抑之而使退制其哭泣有時踊辟有節易其過而歸於中道又懼人之喪其心而忘親也作之而使進昭其禮法詳其度數而亦歸於中使割骨養親可常禮亦載之矣先生曰然曾子居喪七日水漿不入口子思以為非頃之又曰喪與其易也寧戚戚不專為喪之本盖言人子之於親能厚其棺槨精其衣衾而安親之心與體方為有本今既不能得其本寧戚可也

夫楊佐之事亦寧戚之始乎
惟時問先生嘗論君彥明朱元晦不同者何先生曰得聖門之正傳者君子而已其行慤而直其言簡而易若朱子大抵嚴毅處多至於諫君則不離格致誠正人或問之則曰平生所學唯此四字如此等說話人皆望而畏之何以見信於上耶因論後世諫議多不見信於人君者亦未免峻厲起之也顧問朱子與二程如何先生曰明道爲人盎然春陽之可掬故雖安石輩亦聞其言而嘆服至於正叔則啓人僞學之議未必無嚴厲之過爾頃之嘆曰凡與人言貴春溫而賤秋肅春溫多則人見之而必敬愛之而必

親故其言也感人易而入人深不求其信而自無不信也秋終多則人聞之而必畏畏之而必惡畏惡生則言之入人也難將欲取信而反不信也

問立志先生曰言人便以聖爲志問工夫曰程子云其要只在愼獨又問今人不能立如何曰學者只是或畏人之非笑或牽扯於利欲或淫蕩於富貴有許多病痛如何教他做得立也惟時起曰今人非惟不學立却把知天命都來講也先生笑曰不可如此說但要立還須從志學功夫上起

十一月十三日老先生宿齋於會同館顧與章詔同在寺

中顧曰良友切磋甚為有益宣之將歸矣其何以教我宣之曰學者只要常惺惺法苟常提醒此心不汨於貨利不溺於聲色纔是篤於道的顧曰再何以加之宣之曰敏於事而慎於言顧曰然有諸中必形諸外着實做工夫的人則動止語默自然不同來日早問安於老先生偕陳其論請教先生曰如此聚講又何患群居終日者邪

一日潛震得曰學者只是意向不真切意向真切則適道不差但欲做工夫每為氣習所奪齋中往來朋友未必一一同志甚至有譏刺之人將如之何先生曰朋友往來固所當擇然但如夫子曰毋友不如己者纔好至於人譏刺

之又何足介於心我說人只是箇不自信能自信了則任他說不妨故我常與人說寒必要一件衣穿穿了衣人再說我寒我便不信他饑必要喫飯吃了飯人再說我饑我亦不信他看來此處亦只是自信故孟子曰君子深造之以道欲其自得之也自得之則居富貴也不能淫貧賤也不能移居患難也不能屈無入而不自得故曰居之安不知汝近來於安處亦到一二否乎震得曰受教矣

江東暉曰學者皆有為善之心而今只被舉業纏繞不去故德不能脩學不能讀爾先生曰然舉業亦是一件事做秀才專把舉業來講固不是要了舉業不理也不是人館白

舉業本不害人但於作文時無患得患失之心好名好勝之病就是學也先生曰此說未必然使在窓下不能博覽經傳誦書作文一日遇主司考試題目不能應答就去怨主司不取這却不是學了看來還要責之自家可

鍾伐寅辭歸省先生問近日工夫對曰未見進處先生曰未見進就求其進可及退復語顧曰伐寅來講一二次此囘不知果有益否顧對曰聽先生之言皆去體貼躬行則雖三二次不見其為少聞知而不行則雖千百言亦不見其為益夫子嘗云有一言而可以終身之者先生首肯

十二月二十一日顧侍坐適章詔來見先生問曰行期何

日對曰二十四日下船來年三月還至京

曰長江限隔豈可盡必乎對曰志之所至雖窮山極海不能阻絕長江敢復憚乎次年如期果至南都相如聞之謂章宣之真信人也

問鄉黨衣服之制盛德之至也今有志於道者使修然戴峩冠服深衣自以為聖賢之徒聖賢果在衣服間乎先生曰程子云制於外以養其中由乎中以應乎外作聖工夫雖不專於在外然服堯之服亦不可廢惟以其服而已矣乃行之不稱也不幾於書所謂服美於人者乎

先生一晚語顧曰江游二生來辭與子亦講一二否顧對

曰游云在寺諸友常得親良師學問日進彼離羣索居終日孤陋寡聞顧曰為學亦只是立志志若不立則雖竆年寓寺憧憧往來而無成若立志堅定則雖無文王猶興為以離索為念先生曰汝說固正然親師取友功夫亦不可少

初六日講畢先生召顧語曰今日聚講不覺於舜顏發得過多然講時初非此意但好善之心自不容已纔說着舜顏此心就覺濶大故言重詞複爾顧曰先生之心與舜顏同言出與之相安諸生心體本明聞之未有不興起者曰人不可一毫自私與朋友講論務求克去私心與趍不為

聖爲賢的念頭則何患不舜不顏今諸生講學時則皆興
起過後却恐又忘也
良貴問昨講仰鑽瞻忽生未得聞請再發明先生顧謂欽
德輩曰記得前日所言否諸生默然先生曰是尚未曾仰
鑽瞻忽也夫高堅前後豈可他求哉貴鄉之問便是瞻之
在前諸君之忘便是忽焉在後於是諸生皆瞻顧錯愕先
生曰此尚不可瞻忽邪已而欽德問約禮是書之協于克
一咸有一德否曰非也又問協一一德尤云非約者何曰
此約於書者也非約於子敬者也於是諸生嘆曰高堅前
後其惟時乎仰鑽瞻忽其在心乎欲罷不能其惟學乎

一日先生至寺張子醇與顏侍坐適一生來見衣服盛飾甚以其父遺像求賛並求格言先生曰遺像上焉可着格言邪因問爾父逝世幾年對曰已十載矣先生曰學者孝親之心不可以已亡便然自肆昔曹生之父喪二十載來求墓誌予見其衣服頗美遂語之曰昔將軍文子之喪既除服越人來吊主人于廟垂涕洟君子曰亡於禮者之禮也其動也中故子之于親不忍之心須要隨時發見衣服不可過逾及退先生復語顏曰庠生也衣服過逾恐累大德况其父已亡烏得安然而不省乎顏對曰今之學者把節文度數亦都忘了是以如此先生曰還是先忘其本

十二年正月三日晚辭老先生去江寧鎮拜吾父問曰新年新月君子小人皆相慶賀學問若能自新亦必有慶喜乎先生曰新年人皆慶喜此景象可愛世運將亨泰矣學者自新則無入而不自得汝輩不可枉過時光務求自得如新歲可

問士風不振似亦科目之少乎先生曰汝以出仕者能振士風乎譬如一處大府縣或中鄉試三二十名或中會試一十名求其能振士風者幾人汝年富而能以道自任卓然力行則士風丕變澆漓頓改善人多君子衆在吾輩當責之於己此正不可仰賴於人也

壬辰八月二十一日何叔節問楊州府庠尙先生專講心迹不必合之說堅云人皆以心去合迹須說觀迹以合心顧答曰誠於中形於外天下豈有中志於道而外僞者哉盖其心善則行亦善其心僞則行亦僞合一之論未為不然先生曰然

堅問在學諸友責備在家兄弟亦每責備先生曰諸友責備外有益友兄弟責備內有益親叔節如此何患不長進

顧問賦性粗厲不能容人過差如何先生曰知得粗厲就要變化去方是學且不能容人過差便是己的過差

堅論被人之非笑顧曰至誠而不動者未之有也今人只是弗誠爾如顧礽從東郭先生京中諸友或訕笑謗毀或面斥其過近來亦稍親與先生曰此可見禮義在人良心未泯若顧得許多非笑則將彌縫無暇息并己身同倒了也

松江有一生來見行礽見之禮云次日拜於門下適顧侍坐見先生愀然不樂辭之請問其故先生曰此生之名與吾先人同見之甚不忍受之則不安顧對曰此生有求教之誠義弗可卻其名關於上司又難以遽改先生曰朋友處之則可否則不可見矣顧出語一生一生憮然曰吾從

老先生惟恐其弗納也師若肯納吾豈不易其名乎即改
其字以進先生終辭之後宋元博見先生亦只從其字
揚州有一生問曰二程抄釋與橫渠抄釋二子之言孰為
親切竊意張不如程也先生曰以前賢之言反之於身都
是親切若評其優劣就不親切
問雅頌得所如何先生曰詩至春秋殘缺失次夫子環聘
列國以正可否得商頌十二篇於周之大史則序其五篇
於魯頌之上如南陔白華華黍由庚崇丘皆有其意而忘
其辭夫子皆序列於小雅六月之前亦是各得其所之一義
損之問諸生曰孔子刪詩書作春秋無非尊周室以黜伯

功至於詩之所載魯僖公本諸侯也閟宫之詩亦列於頌周平王本天子也黍離之詩亦降於風此其故何哉諸生未對請問曰此可以觀世變矣蓋詩言其時春秋正其分如天王狩于河陽之類無非正名以綜實也欽德曰孟子謂詩亡然後春秋作恐是此意曰然大抵聖人作春秋亦因詩而挽世道者爾欽德又問此章其樂專語雅頌而遺夫風後云師摯之始專語國風而復遺雅頌何曰彼此互見又詩之殘缺惟雅頌獨多爾

顧與叔應鴻歸省辭謝先生留坐適監中三四生來謁先生曰昨過諸友無一在家何也一生對曰監中朋友處擾

房因人事繁雜多處雞鳴山爾顧起曰人貴於學爾若不勤學雖移居雞鳴山頂亦與在家同也一生問應鴻叔曰汝常在家否叔曰某常在爾先生笑曰小謝言人之不勤以見已之勤大謝言已之常在以見人之不在得非欲以已之長方人之短乎及請教言遂書此以贈至堦下復語顧曰汝毋以此工夫為易也聖門高弟都從此處做起

門人鄖西朱德録

葉春芳問如富鄭公出使契丹亦可謂不辱君命乎先生曰豈但富公如子產叔向之使晉晏嬰之使楚孔道輔之

使遼皆是不辱君命但先要行已有耻爾如不能行已有耻未有不辱君命者也

德問剛毅木訥近仁如無這樣近仁的資質又當何如用功先生曰此須要先變化了那不剛毅木訥資質尋向上去就可近仁若徒恃有這好資質不去用功亦不濟事故曰十室之邑必有忠信如丘者焉不如丘之好學也

歐陽乾元問曰克伐怨欲不行雖未是仁亦做得個仁的工夫否先生曰為仁的工夫不在這裏下手克已便是為仁的工夫這個工夫孔門惟顏子知之德對曰仁則自無四者之累不行則私欲病根終是不曾剪除先生曰仁貴

何以見仁則自無四者之累德對曰仁者視天下之事皆
已之所當為故也先生曰這個也是仁的影像易所謂君
子體仁以長人的心就是那西銘所云的模樣一般故能
以天下為一家視中國猶一人見不如已者方哀矜憫恤
之不暇又焉有四者之累乎故予嘗為之說曰知分則不
克知止則不伐知命則不怨知足則不欲

涇野子内篇卷之十八終

涇野子内篇卷之十九

鷟峰東所語第二十四　門人儀真盛楷錄

嘉靖壬辰楷自京師回入南監乃先謁先生問為學工夫先生曰須是忠信立誠以進德脩業存得誠了則發一言是一個事業行一事是一個事業至於接物無非此意若無事時或博攷經典或與良朋善友切磋琢磨自不患不日進于高明矣

問觀書先生曰觀聖賢書須要躬行踐履如論語二十九篇紀聖人之言鄉黨一篇紀聖人之行萬世之法必擬之而後言議之而後動真宗師也如以為義是

個秀才何敢效孔子便是自家小了若能厲志學孔子纔為善讀書

問塞于天地之間六合是恁的大吾人以眇然之軀何以能塞之先生曰吾與天地本同一氣吾之言即是天言吾之行即是天行與天原無二理故與天地一般大塞猶是小言之也

或問觀書時此心當如懸明鏡以照之此心如何得如明鏡先生曰心體本明或為物欲遮蔽如鏡被塵垢掩也可用藥物擦摩若原體或雜以鉛錫雖藥物擦之不明須從新鑄過一番故曰學要變化氣質

先生曰王祥魏人也而仕于晉鄧攸華人也而仕于胡其大節已虧世所謂孝友者不過一節之行爾

先生因論篤信好學曰人之所以若存若亡或作或輟者只是信不及若信得及如寒之欲衣饑之欲食自住不得如黃石公之與張良期于圯橋至於三乃曰孺子可教夫良之所受兵法爾而況孔孟之道乎昔者孔子信而好古孟子言有諸已之謂信學者不可不猛省

因講鄉黨篇謂諸生曰學須見得意思常新乃樂學如能時習乃說也且學聖人須師其意不必泥其迹且如平日做短右袂之衣如何使得縱是不得其醬不食亦視所處

之地如何若當蔬食飲水之時雖醬亦無矣故鄉黨記夫子威儀飲食衣服皆見天理之發見處必先學此而後達道但不必泥爾九經三重皆由此出

先生曰父母生身最難須將聖人言行一一體貼在身上將此身換做一個聖賢的肢骸方是孝順故今置身於禮樂規矩之中者是不肖父母生身之意也

問周公之處管蔡不如舜之處象何也先生曰舜當時與象同其好惡纔說好惡同則心與之一而未始有違故象不格姦若周公處管蔡者恐不在於監殷之時在於未使之日公既居冢宰之位彼其心以為兄也乃不冢宰不肯

帖服且或未同其好惡故必不能平遂以叛畔此管蔡者乃小人之心也周公者聖人之懷也公以聖人之懷待管蔡於其委曲處或未察爾管蔡以小人之心窺周公凡其直遂處皆生忌也故孟子謂周公爲有過諱辭爲仁人

權問諸經雖曾讀過久多忘記且讀時記性皆鈍苦其難而不知其樂何故先生曰當時讀只徒記誦不曾將來身上體貼做工夫所以易忘且苦其難處亦近發憤過此則便樂矣

先生曰孔門如顓孫師只學夫子的威儀有若專學夫子的言語子游子夏專學夫子的文章惟顏子曾子閔子專

學夫子之道德故子夏晚年居西河使人疑於夫子而有子至使諸友皆以夫子之禮事他曾子一則謂其不可一則數其過而責之還是學德行的終不差

先生謂諸生曰今日有疑須相質故作會相須使人皆盡其情如講論中有疑于心處只管聽下隱而不發也非向往的意

問孔子亦獵較未必是親為之如何先生曰將舜之陶漁耕稼亦非親為邪夫禮從宜使從俗入門問諱入國問禁聖人行不絕俗自是如此

問夫子之得邦家如何先生曰看來不疾而速不行而至

只是一個神易曰鼓舞之謂神其機在用人上盡其所舉用者如顔曾冉閔之徒如子産伯玉季札之輩皆登庸之矣一生曰夫子何不盡用在門墻者先生曰七十子中如聚歛之冉求夫子必在所舍又焉用之盡人明到極處就是神了如水之清澈其底沙石毫髮無遁如鏡之明妍媸一過盡照了今諸生也要如舜湯用心常把這意思在心上凡世上榮華富貴都要掃除要淡薄方好諸葛武侯曰非淡泊無以明志衣服飲食俱要淡薄苦其心志勞其筋骨餓其體膚如顔子之貧不待言如曾子耘瓜也是貧今學者豈肯荷鋤去耘瓜古之聖賢多是如此

先生因論衛公子荆語諸生曰敝處有劉司徒作墳所祭堂用舊屋料人問其故曰同歸於朽故顔子在陋巷他通不以此累其心見大心泰心泰無不足也不但宫室雖衣服飲食皆是故如武侯孟子其志立得大若溺於流俗雖營心學問終不得進曾有一家作屋貫條用鐵爲之其孫在下見之謂其祖曰不用爲此他日賣時難取卸未數年已爲他人有矣須於此等處一齊看破方好

問格物之格有說是格式之格謂致吾之良知在格物格字不要替他添出窮究字樣來如何先生曰格物之義自伏羲以來未之有改也仰觀天文俯察地理遠求諸物近

取諸身其觀察求取即是窮格之義格式之格恐不是孔子立言之意故曰自伏羲以來未之有改也

先生曰大道為公氣象如倡惡其棄于地力惡其不出于已也云云道等說却過了為仁者只是無私便是若又要費其所有難以率人

問意所便安處如何去得先生曰不止一端如便於飲食衣服居處俱是只是人受病處不同須是於意所便安處一刀兩段方能有為且有一朋友好驢常說不怎麼沒個閨五更來雖是戲謔其便安於如此若能於中夜之間思道理起在慎獨上用功夫便去其意所便安處矣

先生曰子賤之治單父也有出郊數十里而迎者子賤曰未必賢也有出郊數里而迎者子賤曰未必賢也有於郭內迎者子賤曰未必賢也及之單父乃求未來見者師事之此可見其至公之心不受人諂如之何不得聞善而治單父邪

問如何方得寡過甚緊處可得聞歟先生曰人惟爲聲色貨利所纏縛如墜于井底一般須斬去世間一切可愛可惜可喜可慕的心一於天理便好如日月之明一般此何等氣象學者須從難克處克將去久之自與天合不患不寡過也

凡看論語且須要識得聖賢氣象若天地之所以為天地只是一個至公至仁如深山窮谷中草木未嘗不生如虎豹羣象也生麟鳳龜龍也生聖人與之為一如有一夫不得其所與天地不相似觀夫舜欲並生雖頑讒之人也要化他並生與兩間要與我一般此其心何如也

先生語諸生曰第一要擇交交際之間將論語活活的見在躬行上纔親切纔見得有至有未至處若只敘寒暄說俗話便了視聖人之道反相耻一般這五日之聚只是空談了蓋聖人之道極平易近人情只在日用行事間見得凡談奧妙愈高遠俱是異端今人胡亂說話者號曰不拘

小節又有循禮號曰道學然於作用處却有欠故二者皆非道

問學先生曰貴自得如今吾輩詩也讀書也讀如因書而知詩因詩而知書纔是自得若讀書只知書讀詩只知詩皆不算

問三正先生曰古之改歲雖以十一月十二月為歲首其春夏秋冬之序自仍其舊一年自仍是十二個月但頒曆發號令俱從首月書爾

先生曰所居朋友比前加敬有感化意的便驗得我的進處若只泛泛之如塗人一揖而過還未也如有可告者即以

已所聞者告之若有所秘於己亦是自私就不廣了故曰克己工夫未肯放過驕吝封閉縮如蝸試於清夜深思省剖破藩籬卽大家

問周禮先生曰周禮亦非萬世常行之道自是周家一代禮也行之者曾有弊若欲行之除是斟酌損益故孔子便欲行夏之時而於周特取其冕

問聖人亦重名乎先生曰觀君子疾没世而名不稱聖人也重名故齊景公富爲諸侯富有千駟死而民不稱伯夷叔齊無爵無位一匹夫爾民到于今稱之又如嚴子陵其名高過光武蓋原之學推未盡純正其言曰與天地兮同

壽與日月幷齊明如今看來果是如此但名非虛得有實方有名也艾希淳曰有重名必有重實

先生曰為學須要與直諒多聞的朋友講明道理文字就有得有進經書之外看一部禮書最好禮絕得妄交無妄交則靜定足以進學允學者謹獨不至未有不入於滛蕩者再牽以無益之朋其引之去不難矣須擇交好友不要說我是秀才他也是秀才我是舉人他也是舉人如此比將去終無進步處須是要以聖賢為期

先生嘗說其拗在京未中時有友六七人者馬子伯循崔子子鍾寇子子惇張子仲修馮子敬臣當時相與習禮於

寶邛寺中令各人弟子為執事人皆以為未中何得如此迂闊不知後方有所執持也

問夫役之苦何處為甚先生曰自河以北夫差之苦不分男婦又有男把犁婦牽犁以代牛者曾有分守官某繪此圖以獻

過江北行途中語第二十五　男畇録

涇野子至滁州同年于子言張四峰家無田產又無子息乃更謫官遠去真可憐也子曰子息係於天謫官係於朝廷無田產係於己却是好消息也于子又稱石府君富甲南畿子曰吾兄獨稱石公之富豈以四峰為不及乎

涇野子至濠梁燕崖李侍御言近日有同僚顯往不許奏災傷今南畿連年旱蝗如此可恐不一言乎子曰燕崖延倉於此誠憫歎空虛言及災傷于法理亦切當

子次宿州令學生趙桐屬文草桐或不達其意子曰學然後知不足者此類是也博習親賢其可缺乎桐拜而敬受之至太丘又令學生胡儒謄文章胡生越幅而書子曰資質聰敏者在沉潛時有洪希曾者在側頗鎮密則謂之曰二生可互相學也

歸德王廷獻有父滯有司而未遷則曰苟得京職即引疾歸山矣子曰廷獻領數大縣苟使其民皆愛廷獻如親父

毋去則立祠雖得卿相不與存焉夫升沉內外皆在外者也不足論此道義千古不磨之物爾不見往時卿相之敗者乎其誰取之邪廷獻與予甚相契言及此真可一大笑也

宴莧明著家明著甚言寧陵河水為害其害甚慘悽既宴登舟明著請一言予揖手曰夔州行領十餘縣頗愛之如寧陵爾明著曰不敢忘也

石岡蔡公行取至真定引疾而歸涇野子至蔡丘訪之曰公正可行經濟之學胡為又在告乎對曰無甚經濟但倦於行爾答曰昔禹八年於外不倦今公乃倦邪已而石岡

送至郊外別墅肴盤飡否閻曰此自己之饌爾非可以奉客也答曰公亦尚有人己之分乎否閻為之大笑

杞縣王尹脩治社學養濟院極整固涇野子甚愛之且稱之曰可謂得養老訓幼之道矣世之學者一登仕途輒背書冊尹其不省所學哉已而出西郭見為社稷壇已成矣惡其狹令人省土數里外以增築子嘆曰此却非子之所取呼其縣吏語之曰動土以祭土神神不享可已之

九月一日晨起大梁書院欲越汴城以西往諸公皆追至西官廳吳巡撫問曰何日離南京曰某日曰某日何以方至於此答曰昨過寧陵黃河水洪大瀰漫百餘里村落未

稼太半淹沒舟過之處適有北風浪如雰起打舟逆行阻
次茅舍者移日子夜至睢州次日晨飡後始行故遲遲爾
巡撫聞之默然時寧陵方申水災巡撫未准語故及之
王得師京冉繼周崇禮送至中牟西十里鋪有餞饌因講
治河之事予曰予六年前曾過此見築沙隄以導河嘗笑
以為兒戲是以拳石塞洪流也昨見歸德河行舟却悔前
見之鄙及見寧陵水害是通改晝河以南澷然後知初見
之未謬也二子曰何以先見如此答曰予嘗習禹矣以九
手九足治水今皆一手一足治水也何謂也答曰用九州
人之言治九州之水爾得師曰此在舍己乎曰苟未有精

一執中之學雖能舍己恐其從人者又未必是也

戴浩孫漸送至鄭州西郵亭宗孟出所作三劉五規論子曰文雖博雅然未知其切也夫仁宗之所不足者正在武與務實謹徵爾君實之言真對病之藥也

涇野子至滎陽汜水之間嘆曰此城皐虎牢之地北連廣武大河南接嵩少王寨青龍諸山真中原之要害海內戰爭之地也牧斯地者誠宜慎選其人今多處以非才黎民愁怨室家蕭條日後萬一有驚獨不可慮乎哉

再過解州語第二十六　門人王舉才勿忘録

先生考尚寶績至真定得遷太常報未至京而回哭冠司

馬于榆次又痛王克孝之殁也主弘芝之抵龍居哭其墓盡
哀克孝父經府君請卽其家見書舍畫籍及先師漢唐宋
以來諸賢祠嘆曰不意克孝相信及此悲不能止少焉經
府設席過勸託以痰火不飲與坐諸生皆起勸再以痰火
辭及勸之力方曰我爲克孝有一日之哀同坐有能飲者
勿爲我嫌諸生亦皆不飲悲慘移時乃南過州居察院諸
生相謂曰書院乃吾師所建今日來亦爲書院之興廢及
我輩肄業其中者之勤惰爾可復入院請移居書院以破
諸生之愚其日夕合用之物皆理葺完具以待明旦將移
居先過謁鄉賢祠仍問各齋肄業者姓氏乃坐考德堂舉

才呈課業着到詩則說作了這許多詩也爲學不宜多爻此筆邦童問春王正月答曰還以夏時爲正並不曾改月數如豳風小雅可見子在江南有吳副郎者以七十二家辯正月予曰君記得七十二家我只記得一家爾彼問一家者何曰孔氏夫子不曰行夏之時乎何爲如此紛紛哉道流滴進茶已盡政爲王經府請出過東碑下說此文字太方刻也此到經府宅未及行酒見伶人蒲前謂政曰今日克孝居第我們恓悽不勝可用此等乎徹去樂器酒肆伍行後經府問來經某地答曰從榆次致顛殘中丞子悴爾因道昔年在太學時與馬子伯循諸友同居闈山右有

寇子子敦名天叙者篤道講學不倦居寓相去數里日暮
聞至即欲去訪一友不悦止之不聽輒去及會子敦禮度
雍容坐語移時其歸已四鼓矣此予今日不遠千里致奠
哭也酒已再飲擇盤言予相阻難行輕府着以旁室窄小
言先生復舉寇公之居室以抑經府曰寇子敦之子主事
名陽隨予致奠乃翁畢邀過其家家之旁舍甚隘難於獻
酬借其叔父之屋以設席筵因道先人薄宦所得廩祿僅
能致田一頃至於旁屋仍祖先之舊未暇新一椽一瓦也
予曰爾先人所以爲人之不可及者是在此爾其敬承之
哉予在江南時有一人言禹大聖人也菲飲食惡衣服卑

宫室恐不足續堯舜之傳危微精一之妙不在此粗迹也
子曰孔子嘗説吾無間然子今乃云爾無亦愈於孔子
乎不知天理不在人事之外外人事而求天理空焉爾矣
爾先人之見此也爾其敬承之哉經府深然之
一生問周勃左袒先儒嘗説假饒軍中有一人右袒彼將
柰何先生曰勃素服其士心曉得軍中無他意故敢出此
令非一時偶然爾蓋欲借此以翕人心而倡義舉也明白
州守同學師來謁先生時聞孫學正遷尹陽曲孫以陽曲
多奔走意欲辭却不去先生乃就其言以折之曰幸勿以
奔走為非我本分事也且人以奔走為奔走爾以政事爲

奔走方是個真奔走矣何辭孫前謝教始决意入陽曲甲午諸生設宴於仰山堂有吉州張生忠言舊學書院時告歸同舉才請賜一言以教乃為寫屏山精舍四大字兼貽一絶云薰風十里會龍岩歸馬停鞍久待予此去錦屏山下學皐夔肯忘古虞初張生拜謝乃行坐間有數生列坐西廊者日晏返照乃令門胥撻兩屏風背遮渾如堂室西廊生過謝告以爾等莫謝我自後有事類此者要看得見却又要勿忘能體此則所以謝我者多矣不可只管虛過去

觧人送先生至靜林寺州守石溪虞公酌於寺之瀕海殿

諸生亦就其地獻酒仍歌鹿鳴四牡皇華諸詩才之兄舉
善亦列歌行時年已踰三十也先生曰此生教之歌詩時
年方弱冠爾因感今昔之殊少長之異而憐其心之不改
也爲之流涕且謂舉善年已長大勇出高歌與少者同列
不以爲嫌當其所造雖古浴沂之子不可及乎
先生西行諸王宦負合鄉約諸生後從適臨晉焦君遂迎至
土樂庄庄有薛生良佐門人也獻饌已出庄外命鄉約皆
回鄉約人在道左百叩首不肯起先生悲感不能言只以
作善二字勉之諸生從至王官謁表聖像焦君宴於琢仙
堂時有蒲坂蒼谷劉公一中者素識先生焦君請過隱蒼

谷因說陽明之學先生曰予在江南時有一舉人師陽明
者過予講學因飯彼說五經是糟粕不消看只去致吾良
知便了是時予飯未了而彼巳釋筯予說且不要違背只
禮記裏說主人未辯客不虛口你若不去看他就差了却
從何處致良知又說他這學把行說在知前甚錯了若不
先知便行個甚甘泉子與他正一正說知行如車之兩
輪並進予說若一輪壞了就把一輪扯住豈能行得還是
曉得車軌是知了把車在上面輳去方是行蒼谷深以為
然又說在鷲峰東所與諸生坐講一生問飲食知味方問
間僧人送茶彼不知坐間長幼把一鍾茶就送與年幼秀

才年幼者卻便轉送於年長的我說只此就是知味蒼谷深嘆以爲易簡之學先生寢白雲洞旦日風雨交加阻行焦尹尤懇留仍坐聚仙堂命吏持紙書旦一絕贈焦尹云猶憶昔年作記時亂山深處漫鐫碑十年三晉逢焦尹重護雲亭總未知又曾將魚鷹到涇河過此真聞老稺歌舊是王官仙驛地刻更書院大開科因問焦尹德政果何所長而致然辭良佐以四時令民居業對先生嘆曰焦尹此令其有見於潘郎中之育子乎南京有潘郎中者權守某府予就其館賀潘以蒞政所當急者問適乃子讀書於樓予曰子之育郡民亦如今日之育爾子則政無難矣焦尹請

敬服膺

先生西過蒲坂諸生送至大河東岸諸生乞留教先生曰六月當會於陜州爾等其勉力哉其勉力哉遂把棹再揖而去諸生臨流瞻望舟過河西登岸乃退然多有泣下者無異往日初離解之時也

涇野子內篇卷之十九終

涇野子内篇卷之二十

門人潁川魏廷萱校正

太常南所語第二十七　門人胡大器許象先録

大器問一貫忠恕忠是一恕是貫先生曰此殊支離曾子平日教門人唯在忠恕上用功故因門人之問則言所謂一貫卽我前說的忠恕便是一時間就搭出點化門人這處便見曾子已得了一貫了

象先問一友云於事上學恐勞擾如何先生曰心事不相離事上亦所以習心也友又云須要養得心好遇事便不錯一了百了也曰事未至時固當涵養至於臨事時亦須

要一驗不然若只是靜便感而遂通除非是渾然的聖人故一於定靜而惡與物接恐又墮於禪佛夫子不云執事敬

顧問子在齊聞韶三月不知肉味一友云恐溺於好了先生曰何不教這友亦如此溺於好也看夫子此箇好正如纔所謂樂在其中一般豈易得的象先問史記於子在句下有學之二字不知夫子於何處學曰亦只在器數上學而性與天道在其中矣今只觀季札觀樂亦一箇韶樂當時是甚麼感得人的孔子見當時列國搶攘諸侯大夫尚戰力復觀揖遜之容文明之德如親見的一般且又與他平

日祖述的相契合了故不覺感嘆之深至好後世亦有聞
樂降自西王母者此却異於孔子之聞韶矣
象先問曾子臨終而啓手足見得他平日未嘗失手失足
於人若止是形體則世之得保首領以没者亦多矣先生
曰然曾子一出言未嘗忘父母一舉足而不敢忘孝自云
戰戰兢兢不知用了多少工夫來故孟子謂守身事親今
之為官者無見於此而傷人害物無所不至故人至痛詈
有傷及祖父者皆是辱親不孝之大者故孝子必敬其身
者懼辱親也問任重何以要弘道遠何以要毅先生曰天
下之老皆為吾老天下之幼皆為吾幼心胸何等大着故

程子謂西銘言弘之道心便如此弘了而私意少有間息便是不毅觀曾子臨終他人救死不暇心中不安雖一簀之微亦必易之看他是何等毅仁以為己任死而後已此曾子所以能踐形惟肖乎

象先問聖人仁天下之心無窮而何不使民知也先生曰只一縣之地數百里爾人人能使之知乎問廣設鄉校如何曰只一學中為師之教同也而士子亦便有知有不知者況凡民乎故皆好肅條教而使之率由斯可爾問如此則聖人仁天下之心何以遂乎曰無君子莫治野人只是廣舉賢才布列在位導之而生養遂教之而倫理明彊無

參弱衆無暴寡智無詐愚聖人之仁心亦庶幾乎少遂謂必使人人皆知得聖人之心雖堯舜亦或以為病矣洲問有天下者之樂所奏者何音所舞者何容先生曰只求之聲容亦末矣問何謂本曰予不嘗說賈誼請文帝興禮樂文帝謙讓未遑世皆以為過殊不知文帝曾遣人口受尚書於伏生故他曾看過二典來知天下水土未平便舉禹敷治黎民阻饑便舉棄躬稼穡民未知教便舉契明倫民情不齊便舉皋陶明刑弼教民用不利便舉工虞至於一草一木亦必使之得所然後禮樂可興故然後命伯夷典禮夔典樂不然只一夔安能致鳳凰來儀百獸率舞

哉後之有天下者非不作樂閭閻之間困苦咨嗟聞其鍾鼓之聲見干羽之舞莫不疾首蹙額相告者矣此亦謂之能樂乎問樂作本之人心矣而得人心何所始乎曰在得賢故野無遺賢則萬邦咸寧以是知尚書是爲治根本有天下者要思得之不然舍此别尋個路蹊只是個小康只是個雜伯

象先問近日爲學之弊用心太過則傷於急迫不及又墮於悠悠如何先生曰有要焉只在勿忘勿助

象先問君子人不知而不愠豈由有所見乎謝顧曰亦由有所養先生曰他當初爲學只是爲已無心於人知與不

知故不愠若爲人而學則人不知時不勝其愠且尤矣惟孔子是此學觀其言曰不怨天不尤人下學而上達知我者其天乎故學只在不求人知知諸生應試或有中不中的胸中果能無芥　否不然只求人知不求天知不得謂之君子之學吾近日過解王克孝之父言克孝夜半苦學嘗勸止之曰汝既不應科第讀此書當誰知邪克孝應之曰豈有讀書之人要人知乎亦近此

汪洲問靜時看書少有得一到擾攘時便不能入如何先生曰雖動亦靜可也然靜時無工夫乎曰怎麽無工夫廓然太公可也象先曰程子見人靜坐便嘆其善學似又工

夫多在靜時做也先生曰此或對世之浮泛不定者發也定性書不云動亦定靜亦定也然則何以能定乎曰在知止

先生曰先儒謂曾子大賢也尚一日三省吾人無所不省可也其言似矣而實不然象先曰邢恕一日三檢點程子謂其餘理會甚事是乎曰是矣而亦未盡也我不嘗說來此是曾子揀切己病痛處做工夫故日以此三事自省今日諸生病痛或只在為人謀上或只在友信師傳上或不在此三事只在好名與好利上亦從自家切己病痛察治亦便是學曾子之學象先曰如此看來益可見曾子自治

切處先生曰見得誠切處此猶在曾子省也行得誠切處
此方在汝賢者也時象先默然有省
一生問為學而苦於治生之不足如之何先生曰無不足
者只要見得破耕可商可傭卜亦可何妨為學昔管寧華
歆共鋤而獲金歆執視之寧竟擲不視此不外耕而學的
韓康伯隱於長安市賣藥不二價有一女子買藥長安市
中聞藥價不二問曰子莫不是韓康伯否此不外商而學
的又如漢嚴君平賣卜凡有父兄來問便教以慈愛有子
弟來問便教以孝敬此雖賣卜亦未嘗外學諸生亦嘗有
此學者乎未也故為學不患身貧只患無志爾艾希淳曰

見得彼三字是主本

象先問樂與好禮子貢至聞性與天道時亦幾能乎先生曰子貢嘗結駟而過原憲之門見其家無儋石室如懸罄曰若是乎子之病也憲曰是貧也非病也由此觀之無諂無驕或未之盡況樂與好禮乎問貧非不能好禮富非不可樂二者恐互言之曰貧欲以爲禮富又難於樂乎此居冢宰而握髮吐哺亦寫几几惟周公之稱蔬食飲水而樂在其中簞食瓢飲而不改其樂孔顏之外無幾也

象先問小序於周南多言后妃之化而不及文王恐未然乎先生曰此序之善也后妃如此則主后妃者可知矣此

正可見刑于寡妻問文王何以能致此曰只在慎獨故程
子云慎獨然後可以行王道
象先問孔子觀人視以觀由察安孟子觀人只說聽言觀
眸子何以不同先生曰子試言之對曰恐孔子之法觀人
於終身者也孟子之法觀人於一時者也曰此亦是但不
可只去觀人須是先要自觀在我者果何道可以觀聖人
於常如孔子何道可以觀人於暫如孟子乃有益
先生每謂仁是聖門教人第一義故今之學者必先學仁
一生初見先生多不省先生曰今欲為這學須是換了這
個心腸纔好其生憬然曰何謂也曰天始生人這心腸元

來人人都是有的只爲生來或是氣稟欠些或是習染雜
些把這心腸都失了只是個塊然血肉之軀與仁相隔遠
着所以要把這氣質變易盡了纔得與這仁通如脩養家
所謂脫胎換骨一般非是教諸生外面討個仁來也其生
至是始什然
象先問季氏僭八佾三家僭雍徹其原皆起於不仁故繼
以人而不仁於二章之後記者之意深矣先生曰是如此
觀其曰可忍孰是不仁問三家之不仁其原又何所自曰
我不嘗說來亦只起於耻惡衣惡食語未畢一生遽問知
其說者之知字如何先生曰纔説言汝盡知之乎對曰徹

未能盡知曰未知豈可不求知既而又曰三家正所謂不知其說者苟知其說誠敬立而仁孝之意油然生矣而又有八佾之舞雍詩之歌乎

諸生聽講中間適有將一鄉佐送穆玄菴詩呈中有云萍情分野水官迹等浮漚先生稱答遂示諸生一幼生徑先取看先生曰此非讓道也且不知講書是學是處是實學諸生悚然曰此可見老先生無往非教先生曰非是我無往非教正要汝輩心無往不存爾夫子孟子不云徐行後長謂之弟堯舜之道孝弟而已矣只一徐行揖讓之間而堯舜之道便在此今人這處皆忽略過了象先曰老氏云

知白守黑知雄守雌似亦能讓而何以不可入堯舜之道
曰老氏之心只是要討便宜幾曾有真心讓來此正王伯
之分幾微之辨却又不可不慎
蒙問多聞多見則學博擇精守約矣而祿在其中是脩天
爵而人爵自至否先生曰古人為學是這般切實只一言
行間道理便盡得了故易云言行君子之樞機也且祿在
其中只是詩之自求多福一般若說人爵自至便與子張
之病不對證了徐又嘆曰今人只肯多聞多見便亦是學
了象先曰何謂也曰知古人有一善言或不知闕的或知闕
了久之卻厭倦的或又謂吾自有真知而不肯下心多聞

的古人有一善行或不知見的或知見了視之若不切身的或又謂吾自有真見而不必多見的只這心便與道理扞格看此吾謂孔子至聖只在好古敏求舜之大智只在好問好察況下舜孔者乎頃之問夏殷之禮孔子何以皆能言之先生曰亦只從多聞多見中來爾如一個禮不知便問於萇弘下至一琴不知亦便問於師襄學問是這樣大是以當時一萍實之微他亦便知得而況二代典禮之大然則何以不足徵曰或者是傷時不能復行二代之典禮乎然其缺畧處亦不能無也

先生謂諸生曰射只是六藝之一何謂便稱君子洲曰進

退周旋中禮非君子不能象先曰觀子路出延射公罔之
裘序點揚觶數語非君子莫與先生曰也皆是但看來射
是個極難事如手便要執弓矢目要審的耳要聽詩如射
義云何以射何以聽循聲而發發而不失正鵠者其賢乎
及三揖而後升堂下堂猶揖不勝者飲則射雖是一
藝非禮樂具備才德兼全者不能此之謂不爭其爭也
君子

象先問和靖云命為中人以下說若聖人只有個義伊川
以為是將恐未然乎先生曰天命之謂性命還在性上的
豈止中人可言孔孟於斯道之廢興衛卿之得不得皆曰

有命故我覺有送晉江顧新山語云命不立則義不精義不明則命不著亦只是作一樣看盡義命元非二物也王生問里仁為美是言擇里乎抑擇仁乎先生曰還是擇仁而與里亦自相通仁如夷則頑廉懦立如惠則鄙寬薄敦所居而化矣語未盡一生曰如某先生只著述後世便化為訓詁某先生只頓悟後世便化為空寂先生今日講躬行却好也先生曰此又揚我抑人稽於比方失却纔所謂仁也象先曰欲為仁此處恐亦須要擇先生曰擇亦為可也擇而言不可也閒比方則務外馳故不得為仁乎曰正是纔比方人便較失却為己但只揀今日所言心裏存

着身上行着仁在其中矣

洲問好仁者所至似又愈於惡不仁者先生曰天下之道只有個仁與不仁而已人之情亦只有個好惡而已象先曰或有知好仁矣係於小人之不仁或不知惡亦有知惡不仁矣作主不定或已之有仁不能自强如何先生曰好仁而不知惡不仁還是好之未至也惡不仁而不知好仁亦是惡之未至也未盡好惡之道者也蓋仁元只是一個理好惡元只是一個情

象先夜侍坐問昔程子張子在興國寺中講易致子厚撤皐比不知是甚樣請先生曰恐亦只在人事上推求問邵

堯夫問伊川今年雷起處伊川云起處起此語亦徑捷曰
此是伊川摠說個起處起徑捷亦無益問若立言之當何
如曰只合言君子恐懼修省

象先問即事即物皆是學漆雕開吾斯之未能信不亦
拘乎先生曰謂即仕而學在焉可也謂斯之未能信而以
仕學爲不可也此孔子所以悪子路之佞開一味自信而
不苟出夫子所以取其志

洲問程子謂曾點漆雕開已見大意如何先生曰開知足
以守而行未大點言有餘而行不掩廣朗之志踐點之言
斯其見其庶幾乎

象先問子張問子文文子之仁夫子不許者何故先生曰此是子張之舊病又發作子他見子文之三仕三已無慍色文子之絜身累違之一邦是何等轂稱以為仁在是矣夫子之不許是即救鬬以違救行以忠信之遺旨也且仁者所居而化豈復有纖逆之賊生於其朝有不仁則早見豫待又豈有僭王之人而甘為之執政乎問如此則二子之所謂清與忠者恐亦未之盡曰噫若是則又過求矣

顧問以約失之者之約是約禮之約否先生曰也是約正如綜約一般布絲之千條萬緒自有理而不亂又如人之一身有四體五官百骸總是約束於一心不然心不得其

理則百骸舉莫知所屬矣是故以約失之者鮮

洲問狂簡先生作兩人看如何先生曰孟子元是做兩樣人看來孔子曰不得中行而與之必也狂狷乎昔董仲舒稱仲尼之門羞稱五伯故縱横闔捭之徒孔門皆是沒有的只有這兩樣人或過不及而已故孔子只裁抑之使歸中行便可以入聖

一生問人言是我亦應以為是人言非我亦應以為非如此似亦不失和氣先生曰此只是個無不可爾孔子太和元氣却不是如此又有個無可者在也

象先問申申夭夭聖人盛德之至自然形見出來與衆不

同非有意也學者須是一於恭敬恐不可拘拘於此等處
學先生曰學者亦須有舒展時纔是然只要心存不放則
美在其中暢於四肢自是一般氣象不然不於大本處學
而一一於容貌上求之是又與初學模倣紅本子無異矣
椿問求仁得仁孔子取他遜國而逃諫伐而餓亦在其中
乎先生曰此是程子後來儱侗說入的子貢初問只在遜國故
夫子答亦毛之象先問夷齊之事方正學譏其有未是然
乎先生曰時有中子無害也問使無中子則如之何曰叔
齊當立象先曰長庶乃萬世之經孤竹或一時之命恐伯
夷立為是先生曰太王舍太伯而立季歷文王舍伯邑考

而立武王未聞王季武王不是也故父意在叔齊伯夷當為太伯伯邑考可也叔齊當為王季武王可也問太伯遜矣仲雍或欲立則如之何曰仲雍立也然不違父命乎故伯夷之遜是以兄遜弟可謂之讓若季歷不管仲雍肯與不肯必欲據之以弟逆兄是謂之攘又不可執一論

象先問子路請禱是否先生曰怎麼是子路此個病痛正如使門人為臣一般問夫子平日謙巳誨人此處又直自任如何曰夫子言天便與天對得的言地便與地對得的言鬼神便與鬼神對得的而猶曰禱亦是謙詞然學者須是學到質諸鬼神無疑如孔子方是學問學者何以能便

得到此曰在慎獨始之不愧屋漏孰之便是丘之禱久矣

象先問宋哲宗時明堂禮成而溫公薨伊川云子於是日哭則不歌故不弔東坡云未聞歌則不哭此言雖發得不平卻未嘗不是先生曰聖人說毋意必固我人言是處便當從只要己是便是有我象先曰伊川於東坡能如明道於安否便好先生曰明道幾於無我矣問伊川東坡之事恐亦成於二家之門人乎先生曰朱陸之學亦是如此久之又曰二公亦不能辭其責

象先問近日武職甚是削弱先生曰文武並重長久之道也武職弱了緩急便不可為用且他心下蓄憤不平到有

當時便得，以逞。如宋澶淵之後，高瓊便斥文臣云：君何不賦一詩以退虜邪？此可見武職亦不可輕矣。象先曰：今日司國計者云，又每言：安得此有用之糧以養此無用之兵？先生曰：不養之於未用之先，安望其用於有事之日邪？凡學者於這消息盈虛之理知得了，他日用事便會不錯。

一生問：君子多乎哉？不多也。如何？先生曰：觀此可以知人之胸次。全太宰便以藝看做個極大的，子貢便以藝看做個極小的，夫子便把這藝看做一樣，無大無小也。故太宰蔽于物，子貢猶有物，夫子無物。又曰：只這處教顏子如何從得高堅前後之嘆，其亦在此乎？

象先問聖人無我人便有我者何故先生曰只是不仁不
仁故有我人一有我則人便得與我為敵雖近日兄弟朋
友數人中間亦便許多町畦藩籬隔斷了是以西銘言乾
坤便是吾父母民便是吾與他把己身放在天地萬物中
作一樣看故曰仁者以天地萬物為一體問顏子能幾於
無我何以於夫子猶有高堅前後之嘆乎曰顏子三月之
後未免猶一息夫子便無息譬之天然其為物不二故今
日是晴的來日之陰雨便不可知其生成品彙人便不可
得而測又曰此便是夫子之高堅前後處此顏子所以從
用仰鑚瞻忽工夫

先生謂諸生昨看仰鑽瞻忽亦有得否諸生未及應一生遽問逝者如斯先生曰看來汝還未曾仰鑽瞻忽也一生又默然不應先生曰道體本是個不息的此處心不存亦便是息了與這逝水不相似頃之又問程子云天德王道而歸其要於慎獨與王道若不相及也先生曰舜之治起於嬀汭文之化始于刑于後世只從外面做將來所以縱做得好只是個雜伯是故王道在慎獨久之自强不息久之純亦不已發之事業便是純王之治程子把慎獨王道打做一片說此語甚緊切

象先問抑戒賓筵諸侯之詩何以不居國風豳風王業根

本所係也何以不入雅先生曰抑戒賓筵武公入於王朝時爲是詩以諷厲王豳風周公遭流言居東而作者也然則抑賓筵何以爲雅之變豳何爲居變風之終曰抑戒賓筵刺厲王之詞君臣相刺其能正乎文中子又不云變而克正危而克扶終始不失其正其惟周公乎係之風遠矣哉

先生曰夫子在鄉黨而恂恂原他謙謙之志自是如此非是矯餙取容悅的至於宗廟朝廷也須便便不然或至害事病民此處可見夫子愛兄敬長之心爲國爲民之念故觀聖人之言貌當先觀聖人之心術纔得

象先問疏食菜羹瓜祭恐只作瓜字亦無害先生曰然詩
云疆埸有瓜故亦有瓜祭的又曰聖人存心不苟只在這
小節上愈加敬見得如着件絺綌他便欲表出不見體如
個席不正亦便不坐食饐而餲亦便不食皆是禮節之細
而中庸天下國家之九經夏商周之因革損益亦是此物
故鄉黨一篇多是飲食衣服言動之微而天下萬世之大
經大法皆自此出故每謂此篇是夫子行之一貫
有一生喪其室情不能自制來見請教先生曰汝父母何
如對云幸康泰汝兄弟何如對云能成立先生笑曰父母
俱存兄弟無故此是最樂的夫何憂又云但妻頗賢故情

有不能自克爾先生曰有子乎對云有三子先生曰子存即妻存矣若為妻如此萬一手足有變當何如萬一恃怙有變又當何如夫妻賢是汝刑于之功至於死生壽夭有命存焉汝不得而與也又云適見一先生示教云此處只好為學如何先生曰我纔所言非是學耶其生時亦有悟

涇野子內篇卷之二十